Ordaining the Conscience and Casting the Soul:
Theoretical Exploration of Strengthening and Improving Ideological and
Political Work in Colleges and Universities

立心铸魂

——加强和改进高校思想政治工作的理论探索

陈宝剑◎主编

北京大学党委政策研究室◎编写

人民出版社

聚焦立德树人，提高政治站位，不断加强与改进新形势下高校思想政治工作（代序）

北京大学党委书记　郝平

　　北京大学的党建和思想政治工作，有着光荣的历史传统。一百年前，李大钊同志率先感知到俄国十月革命的影响，紧紧把握住了历史前进的脉搏，第一个在中国举起了传播马克思主义的旗帜。李大钊同志发起成立了"北京大学社会主义研究会"，并于1920年开始在北大开设了《唯物史观研究》《社会主义史》《社会主义与社会运动》等一系列马克思主义理论课程。从那时起，近一百年来，北大学习、研究、宣传马克思主义的传统从未间断，北大也是全国最早成立马克思主义学院的高校，在推进马克思主义理论不断发展、培养马克思主义理论人才方面发挥了重要作用，为推进马克思主义中国化、时代化、大众化作出了重要贡献。在20世纪80年代，北大学生喊出了"团结起来，振兴中华"的时代最强音，举起了"小平您好"的横幅。

　　党的十八大以来，以习近平同志为核心的党中央高度重视高校思想政治工作，尤其对北大的思想政治工作给予了高度关注和悉心指导。2013 年 5 月，习近平总书记在给考古文博学院 2009 级本科团支部的回信中勉励同学们"勇做走在时代前面的奋进者、开拓者、奉献者"。2014 年 5 月，总书记在同北大师生座谈时强调"青年的价值取向决定了未来整个社会的价值取向，而青年又处在价值观形成和确立的时期，抓好这一时期的价值观养成十分重要""人生的扣子从一开始就要扣好"。2016 年 12 月 7—8 日，全国高校思想政治工作会议在北京召开，习近平总书记出席会议并发表重要讲话。在讲话中，总书记先后三次专门提到了北大，令北大师生备受鼓舞，深感使命光荣、责任重大。2017 年 10 月，习近平总书记给北大南南合作与发展学院首届硕士毕业生回信，希望他们坚持学习、学以致用，行远升高、积厚成器，努力探索符合本国国情的可持续发展道路，成为各自国家改革发展的领导者，成为全球南南合作的践行者。2018 年 5 月，在迎接北京大学建校 120 周年和五四青年节之际，习近平总书记再一次莅临北大调研指导工作，亲自主持师生代表座谈会时强调，高校办学需要抓好的三项基础性工作——坚持办学正确政治方向、建设高素质教师队伍、形成高水平人才培养体系，并对广大青年提出了四点希望——爱国、励志、求真、力行。习近平总书记的高度重视和悉心指导是我们深化教育综合改革、办好社会主义大学的根本遵循。这为我们进一步做好人才培养工作提出了新要求。

　　以习近平新时代中国特色社会主义思想，特别是总书记 2014

聚焦立德树人，提高政治站位，不断加强与改进新形势下高校思想政治工作（代序）

年5月4日来北大视察时的重要讲话精神和在全国高校思想政治工作会议上的重要讲话精神为指引，北大的思想政治工作取得了新的成效，做了很多新的探索，破解了一些难题，形成了一些影响深远的规章制度和体制机制。校党委把贯彻落实总书记重要讲话精神和中央31号文件精神作为重大政治任务，成立了专门的领导小组和工作班子，制定了任务分解方案，从思想政治理论课改革创新、教书育人、科研育人、管理育人、学生工作、宣传思想工作、人事人才与师德师风建设、中国特色哲学社会科学体系建设等十个重点领域分头推进。学校持续形成了学习贯彻中央精神的热潮，构建了学校和院系协同发力的工作格局。党的群众路线教育实践活动、"三严三实"专题教育和"两学一做"学习教育已基本常态化、制度化。思想政治理论课改革切实推进，建立了思想政治理论课教师校内合聘、校外双聘制度，完善了思想政治理论课教材体系，社会实践教学也已纳入教学计划。辅导员等思想政治工作队伍建设得到加强。北大率先在全国高校中成立了党委教师工作部，实现了在党委统一领导下的教师思想政治工作全覆盖；建立了线上线下联席会议、网络实践导师、网络文化导师等制度；打造了"扣好人生第一粒扣子"教育计划及"教授茶座""鸿雁计划"等一系列品牌活动；涌现出了李小凡、刘浦江、王海燕等师德先进人物。

应该说，北大过去的工作是扎实的，成效是明显的。中央精神已经深入人心，正在学校落地生根。但是，我们仍然面临着一些问题。例如，部分师生存在个人主义、利己主义等倾向；一些师生存在焦虑心理，个别学生的身心健康问题令人忧虑；"近者悦、远者来"的好生态好氛围还没有完全形成；党建工作发展还不够平衡，等等。我们必须直面问题和矛盾，不断反思，总结经验、吸取教训，以更大的勇气、魄力和智慧来攻坚克难。

"十年树木，百年树人"，立德树人工作并非一朝一夕，必须持之以恒、善作善成、久久为功。党的十九大报告中提出，要"实现高等教育内涵式发展"。为贯彻落实党的教育方针，结合新时期的教育实践，北大党委提出了有关思想政治工作、立德树人工作的"十六字基本方针"，即"德才均备、体魄健全、守正创新、引领未来"。

德才均备，必须以德为先，要教育引导学生牢固树立社会主义核心价值观，要有更高的道德标准和精神追求。与此同时，"德"并不孤立、抽象地存在，"红"与"专"要相辅相成，要让学生全面发展，既志向远大，又脚踏实地，懂自己、懂社会、懂中国、懂世界，具有服务国家和人民的过人才干。

体魄健全，不仅是身体上的强健，更是人格的完善、内心的和谐。我们要更加关注学生的身心健康。北大的教育应该是民主的、开放的、积极向上的，北大培养的人才应该扛得住压力、经得起风雨。

守正创新，就是要弘扬正气、坚守正道。立德树人之"道"是不变的，但教育教学的观念、模式、手段必须与时俱进。对长期积累的好经验，要在坚持中深化、在深化中坚持；对历久弥新的好传统，要在守正的基础上创新、在创新的过程中守正。

引领未来，教育要"面向现代化，面向世界，面向未来"，青年是国家的未来，教育就是为国家和人类社会的未来奠基。北大的教育应该更具有前瞻性，使我们的学生不仅能够适应迅速变化中的社会，更能够善于解决中国和世界面临的种种问题，推动社会向好的、向上的方向发展。

在新形势下加强与改进思想政治工作，贯彻好"十六字基本方针"，应重点把握好"一个关键"，做到"两个着力"，做好"三个结合"，落实好"五个举措"。

把握好"一个关键"，即加强党的领导是落实好立德树人根本任务的关键。中国特色社会主义最本质的特征是中国共产党领导，中国特色社会主义制度的最大优势是中国共产党领导，党是最高政治领导力量。党的领导是中国高校最鲜亮的底色，也是最大的政治优势。党的领导不断加强，我们就能爬坡过坎、攻坚克难；党的领导如果弱化，学校就会软弱涣散、矛盾重重。做好高校思想政治工作的关键在党。要进一步牢固树立"抓好党建是最大政绩"的观念，为抓好立德树人工作提供根本政治保障。要进一步完善党委领导下的校长负责制，不断提高党的建设科学化水平，把方向、管大局、作决策、保落实，切实履行党委管党治党、办学治校的主体责任，充分发挥基层党组织战斗堡垒作用，锻造思想政治工作和学校事业发展的坚强领导核心。

做到"两个着力"。第一，着力解决问题，真抓实干，构建抓好思想政治工作的体制机制。要准确把握时代要求、环境变化和工作对象情况，以问题为导向，不断推进理念思路创新、内容形式创新、方法手段创新，不断增强思想政治教育的亲和力和吸引力，达至春风化雨、入脑入心。要深入解决实际问题，对意识形态领域的大是大非问题，必须态度鲜明，敢抓敢管、善抓善管，以钉钉子精神咬住不放，一步一步推动解决。要把解决思想问题同解决实际问题结合起来，带给师生更多真切的获得感与自信心。第二，着力抓好风气，以优良的党风带动校风、学风、师风建设，构建良好的政治生态、学术生态、育人生态、改革发展生态。习近平总书记强调，高校应该成为使人心静下来的地方，成为消解躁气的文化空间。好的校风和学风，能够为学生学习成长营造好气候，创造好生态，思想政治工作就能够润物无声地给学生以人生启迪和精神力量。要培养师生理性平和的健康心态，教师精心从教，学生精心治学，通过研究学问提升境界，通过读书学习升华气质，以学养人、治心养性。

做好"三个结合"。第一，把抓好思想政治工作和立德树人根本任务、"双一流"建设紧密结合起来，使思想政治工作在学校发展事业中深深扎根。思想政治工作不是空洞的、抽象的，不能浮在面上，必须和教学科研主责主业紧密结合在一起，和人才培养中心工作紧密结合在一起，和"双一流"建设紧密结合在一起。思想政治工作既是"双一流"建设的重要内容，又是"双一流"建设的重要保证。要牢牢抓住"双一流"建设的重大契机，深刻认识加强和改进思想政治工作的重大意义，坚持扎根中国大地，立足中国国情，走自己的路，提出自己的大学理念和新的高等教育发展理论体系，在世界高等教育大变革的时代里发出中国声音、提出中国方案、贡献中国智慧。第二，把思想政治工作同综合改革紧密结合。党建和思想政治工作与学校的改革发展事业决不是"两张皮"，而是一个有机整体。党建和思想政治工作是高校综合改革工作的题中应有之义。综合改革要实现精准落实、精准育人、精准施教，就必须坚持正确的政治方向，以党建和思想政治工作的新成效为改革提供引领。党建和思想政治工作是方向性、根本性的问题，决不能偏移和动摇。综合改革要遵循思想政治工作的基本规律、教书育人规律、教师和学生成长的规律，不断探索新办法，不断提高工作能力和水平。第三，把思想政治工作同依法治校紧密结合。习近平总书记强调，高校思想政治工作是基于高校而存在的，高校治理得如何，校风和学风如何，既影响和决定着，又反映和体现着高校思想政治工作的水平和成效。"法为治之本"，依法治校，不仅是一种制度模式，更是一种理性精神、一种文化意识，是学校师生员工通过对学校理念的认同、制度的遵守，使依法治校文化在学校各个方面植入、渗透和扎根，从而逐步培育出一种"法治"的"文化"和"传统"，进而为建设世界一流大学提供理念支撑、制度保障和文化培养。

落实好"五个举措"。第一，构建全员育人、全过程育人、全方位育人的"大思政"格局。要进一步构建校党委统一领导、各级党组织上下联动、党政齐抓共管的全方位、多层次、宽领域的"大思政"工作格局，确保思想政治工作系统内各要素形成合力。要加快思想政治理论课改革创新，进行顶层设计，整合校内外课程资源和教师资源，推动思想政治教育的纵向贯通和横向联通，研究从"思政课程"到"课程思政"的转化路径，使学生在思想政治理论课课堂、通识课课堂、创新创业教育课课堂以及专业课课堂都能受到正确世界观、人生观和价值观的熏陶。要完善思想政治理论课教师培养培训与评聘制度。切实将思想政治教育融入到实践中，实现理论和实践相结合，育德和育心相结合，课内和课外相结合，线上和线下相结合。第二，加强价值引领，深入培育和践行社会主义核心价值观。要加强对社会主义核心价值观内涵的研究阐释，引导师生准确理解和把握深刻内涵和实践要求。将社会主义核心价值观贯穿到教书育人全过程，构建以团委为枢纽，以学生会组织为主体，以学生社团及相关学生组织为外围延伸手臂，引领学生践行并养成社会主义核心价值观的"一心双环"组织格局。要加强国家意识、法治意识、社会责任意识教育，加强民族团结进步、国家安全、科学精神教育；以诚信建设为重点，加强社会公德、职业道德、家庭美德、个人品德教育。第三，加强学科建设，强化中国特色哲学社会科学育人功能。加快构建中国特色哲学社会科学学科体系，扎根中国大地，树立文化自信，完善学术评价体系。要以打造经典、精品为龙头，加强哲学社会科学教材体系建设。深入研究高校党的建设、思想政治工作、中国特色世界一流大学建设等重大课题。鼓励教师专心研究习近平新时代中国特色社会主义思想，并用习近平新时代中国特色社会主义思想指导办学育人的各项实践。第四，加强阵地建设，牢牢把握意识形态工作领导权、主动权和话语权。加强马克思主义学科对人文社会科学的辐射。坚决落实好意识形态工作责任制，切实加强对各类意识形态阵地的管理，做到守土有责、守土负责、守土尽责。第五，加强队伍建设，落实好党的知识分子政策，打造更高素质的师资队伍和思想政治工作队伍。按照总书记对高校教师提出的"四个统一"的总要求来加强教师思想政治建设。加强与规范对教师的系统培训和全方位发展支持，把政治标准和要求纳入培训内容和要求中。把政治标准放在首位，严格教师资格和准入制度。组织开展师德典型宣传活动，深化学术诚信教育，坚决查处作风不正、学术不端等行为。千方百计多做让知识分子放心、顺心、舒心、暖心的实事，让教师在组织上有依靠、工作上更安心、生活上更体面。要像关心教学科研骨干的成长一样，关心思想政治工作队伍成长，推动思想政治工作队伍和党务工作队伍专业化职业化建设，形成一支专职为主、专兼结合、数量充足、素质优良的工作力量。

习近平总书记在党的十九大报告中指出，建设教育强国是中华民族伟大复兴的基础工程，必须把教育事业放在优先位置，加快教育现代化，办好人民满意的教育。习近平总书记强调，高校思想政治工作关系高校培养什么样的人、如何培养人以及为谁培养人这个根本问题。加强和改进新形势下学校思想政治工作，使命光荣、责任重大、任务艰巨。北大要继承和发扬光荣的革命传统，更加深入地学习贯彻习近平新时代中国特色社会主义思想，不断增强"四个意识"，牢固树立"四个自信"，切实把思想政治工作贯穿立德树人、教育教学的全过程，不断开创思想政治工作的新局面，将广大师生的智慧和力量汇聚到学校创建中国特色世界一流大学的事业上来，汇聚到国家发展、民族复兴的伟大历史进程中来，为实现中华民族伟大复兴的中国梦作出更大贡献。

目　　录

第一章 时代使命：高校思想政治
工作的意义和要求

2014 年 5 月 4 日，习近平总书记在同北京大学师生代表座谈时的重要讲话中指出，"青年的价值取向决定了未来整个社会的价值取向，而青年又处在价值观形成和确立的时期，抓好这一时期的价值观养成十分重要"，"青年要从现在做起、从自己做起，使社会主义核心价值观成为自己的基本遵循，并身体力行大力将其推广到全社会去。"① 2016 年 12 月 7 日，在全国高校思想政治工作会议上，习近平总书记强调，高校思想政治工作关系高校培养什么样的人、如何培养人以及为谁培养人这个根本问题。② 2018 年 5 月 2 日，习近平总书记进一步强调，高校只有抓住培养社会主义建设者和接班人这个根本才能办好，才能办出中国特色世界一流大学。如何加强和改善党对高校的领导，如何巩固马克思主义在高校意识形

---

① 《习近平在北大考察：青年要自觉践行社会主义核心价值观》，来源：http://news.xinhuanet.com/politics/2014-05/04/c_ 126460590.htm.
② 《高校思想政治工作关系高校培养什么样的人、如何培养人以及为谁培养人这个根本问题》，来源：http://www.sohu.com/a/121145200_ 470021.

态领域的指导地位，如何履行好立德树人的职责，如何更好把高校师生凝聚在党的周围，如何发挥高校对全社会思想文化建设的促进作用，都需要做好高校思想政治工作。高校思想政治工作既是我国高校的特色，又是办好我国高校的优势。

习近平总书记的重要讲话，深刻指明了高校思想政治工作的重要意义，也明确指出了做好当前高校思想政治工作要聚焦的着力点。高校应牢牢扭住"培养什么样的人、如何培养人以及为谁培养人"这个根本问题，努力在扎根中国、融通中外、立足时代、面向未来中坚定不移地走好中国特色高等教育发展之路。

一、高校思想政治工作的重要意义

（一）青年兴则国家兴，青年强则国家强

青年承载着国家的未来，肩负着民族的希望，是推动社会前进的最活跃的力量。有远见的政党，会把目光投向青年，赢得青年，赢得未来。列宁曾引用恩格斯的名言，充分表达马克思主义者对青年的期望："我们是未来的党，而未来是属于青年的。我们是革新者的党，而青年总是更乐于跟着革新者走的。我们是跟旧的腐朽事物进行忘我斗争的党，而青年总是首先投身到忘我斗争中去的。"①

我们党和国家历来高度重视青年、关怀青年、信任青年，始

_____

① 《列宁全集》第 11 卷，人民出版社 1959 年版，第 338 页。

终坚持把青年作为党和人民事业发展的生力军。党的十八大以来，习近平总书记多次通过演讲、座谈等方式与青年频频互动，对当代中国青年寄予了殷切期望。在党的十九大报告中，他强调，青年兴则国家兴，青年强则国家强。青年一代有理想、有本领、有担当，国家就有前途，民族就有希望。中国梦是历史的、现实的，也是未来的；是我们这一代的，更是青年一代的。中华民族伟大复兴的中国梦终将在一代代青年的接力奋斗中变为现实。

青年，是标志时代的最灵敏的晴雨表。时间之河川流不息，每一代青年都有自己的际遇和机缘，都要在自己所处的时代条件下谋划人生、创造历史。任何事物都有发生发展的过程，"青年"也是如此。在封建社会，从儿童向成人过渡的过程十分简单，当时，甚至都没有青年这个概念而只有少年一词。超越了单纯生理学和心理学的视角，将青年作为一种社会群体、社会现象、社会问题进行研究，是在产业革命以后。"现代意义的青年，是从传统社会向产业社会转变的同步现象，启蒙运动促进了人的独立。人的独立发挥了人的潜能。潜能的发挥推动了科技的发展。科技的发展带来了产业革命。产业革命引起了劳动力市场的变化。资产阶级以国民教育代替了封建教育。青年从此走出了传统家庭，集中到学校成为群体。因此，青年世界的形成是启蒙运动、产业革命、国民教育制度兴起的结果。现代意义的青年，是从传统社会向产业社会转变的同步现象。"[1]

---

[1]　谢昌达：《中国和西方青年发生发展的比较》，《青年研究》1988 年第 2 期。

在中国，民族解放运动是促进青年发生发展的总背景。20 世纪初，因近代新学的兴起，中国青年聚集到学校，形成青年群体。以挽救国家和民族的生死存亡为使命和主题的中国近代历史，构成了中国青年群体发生与发展的特殊环境。面对着国家和民族的生死存亡，这个特殊的时代背景和时代使命，造就了中国青年的爱国主义光荣传统。近代中国动荡不安，"华北之大放不下一张平静的书桌"，但中国的高校始终保持了坚韧不拔的品格，在纷飞战火中培养了一批批矢志报国的热血青年。近代以来，中国的高校不仅是先进知识和文化的汇聚之地，还是各种思潮交融交锋的重要平台和窗口；不仅向青年传授救国图强的现代化知识，还引领青年积极投身于争取民族独立、国家富强的伟大历史进程中。

1917 年俄国十月革命的消息传到中国后，李大钊同志率先认识到十月革命的重要意义，连续发表《法俄革命之比较观》《庶民的胜利》《布尔什维主义的胜利》《新纪元》等文章和演讲，热情宣传马克思主义和俄国革命，传播了社会主义必然要代替资本主义的马克思主义基本观点。在他的带动下，北大学习和研究马克思主义的活动迅速开展。北大图书馆扩充了大量宣传马克思主义的书籍，一批批革命青年和进步学生到这里来寻求真理；北京大学在中国的大学中第一次把马克思主义理论列入课堂教学，从 1920 年起，李大钊同志在北大先后开设了"唯物史观""社会主义与社会运动""工人的国际运动与社会主义的将来"等马克斯（思）主义理论课；我国最早的马克思主义研究团体"马克思学说研究会"成立于北大；以北大教授为主体编辑的《新青年》杂志首次在中国出版了马克思主义研究专号。① 这些都有力推动了马克思主义在中国的传播，也吸引和培养了一批对马克思主义有着坚定信仰，对共产主义事业矢志不渝的有志青年。爱国精神和进步思想，使得北大培养出了一批中国共产党的主要创始人和一些早期的著名活动家。

新中国成立后，有志青年积极投身于新中国建设，在各个领域都能够看到他们投入心血、挥洒汗水的身影。以邓稼先、钱学森等为代表的有志青年毅然放弃了国外的优渥待遇，回到祖国，将自己的一生奉献给了百废待兴的新中国，为推动国家繁荣富强作出了巨大的贡献。改革开放以后，伴随着经济政治等各领域的深入变革与飞速发展，青年人已经成为社会进步过程中一支不容忽视的生力军。1981年3月20日深夜，受中国男排健儿们的拼搏精神所振奋和鼓舞，北大学子喊出了"团结起来，振兴中华"的宣言，喊出了时代的最强音，也喊出了千千万万青年人的心声和理想。1984年国庆游行，北大学生打出了"小平您好"，表达了无数青年学生对改革开放事业的衷心拥护和对中国发展的热切期盼。进入21世纪后，面临社会转型、国家现代化建设事业稳步推进的关键历史时期，占中国总人口约三分之一的第六代青年人②展现出这一群体的巨大潜力，发挥了重大作用。在科学技术领域，以中国航天科工集团公司为例，35岁及以下青年职工共有65718名，占全体职工的一半以上；而"神舟八号"与"神舟九号"高精度加速度计组合

---

① 《北京大学与中国共产党的密切关系》，来源 http：//pkunews.pku.edu.cn/xwzh/2011-06/16/content_203528.htm.

② 根据2010年第六次人口普查结果，中国15—34岁人口超过4.25亿，占总人口的31.92%。

制造团队平均年龄更是不足 30 岁。正是这些青年人造就了世界一流的宇宙飞船核心装置。[①] 在政治领域，青年人也发挥了自己独特的作用。当代青年人几乎伴随着互联网的出现而成长，一直是网民的主体。他们积极行使网络话语权和监督权，推动了网络政治参与的进程，在网上唱响了中国青年的"好声音"。在经济领域，当前的经济体制和政策为青年人创业提供了良好的平台和机遇，越来越多的青年企业家走入人们的视线。如，ofo 共享单车、滴滴出行、今日头条、美图秀秀、饿了么等这些生活中常见的品牌，它们的创始人便是当代的年轻人。青年创业者凭借独到的眼光和敏锐的市场洞察力，不仅为经济市场创造了新的岗位和就业选择，而且在传统产业之外为中国经济的发展注入了新的血液，也极大地便利了人们的生活，提高了人们的生活质量。此外，青年还是沟通中国与世界的桥梁。2013 年，中国出国留学人数为 41.39 万人，而留学回国人数则有 35.35 万人[②]。归国学子以自己所学建设祖国，在教育、科技、学术、文化、政治、经济、法律、金融、通信、交通、社会等许多领域[③]，都可以看到他们活跃的身影。"少年智则国智，少年富则国富，少年强则国强，少年独立则国独立，少年自由则国自由，少年进步则国进步。"[④] 青年人肩负着国家的未来和民族的希

---

① 《航天科工：青年成为中国航天主力军》，来源：http://zqb.cyol.com/html/2013-02/17/nw.D110000zgqnb_ 20130217_ 1-02.htm.

② 中国教育在线：《2014 年出国留学趋势报告》，2014 年 5 月 18 日，http://www.eol.cn/html/lx/2014baogao/content.html#1.

③ 《中国当代三次大规模留学潮》，来源：http://news.hexun.com/2008-07-17/107510268_ 2.html.最后访问日期：2017 年 7 月 31 日。

④ 梁启超：《少年中国说》，《山西青年》2014 年第 12 期。

望，在他们身上蕴含着巨大的能量，在不久的未来，他们会接过前辈身上的重担，撑起国家和民族发展的一片天。

（二）精神的魅力：高校思想政治工作是国家与民族的铸魂工程

一颗蒲公英小小的种子，被草地上那个小女孩轻轻一吹，神奇地落在这里便不再动了——这也许竟是夙缘。

这真是一块圣地。数十年来这里成长着中国几代最优秀的学者。丰博的学识、闪光的才智、庄严无畏的独立思想，这一切又与先于天下的严峻思考、耿介不阿的人格操守以及勇锐的抗争精神相结合。这更是一种精神合成的魅力。

……北大魂——中国魂在这里生长，这校园是永远的。怀着神圣的皈依感，一颗偶然吹落的种子终于不再移动。它期待并期许一种奉献，以补偿青春的遗憾，并至诚期望冥冥之中不朽的中国魂永远绵延。

每当毕业典礼和开学典礼，北大师生总会以一种庄严和神圣的姿态、饱含深情地朗诵谢冕先生的这篇文章——《永远的校园》，因为，这些来自灵魂的文字，镌刻了北大人代代传承的精魂，也是绵延不朽的中国魂。

每一个国家和民族都有其独特的精神文化气质。中国，作为世界上历史最悠久的国家之一；中华民族，作为拥有五千多年光辉灿烂文明的古老民族，在漫长的社会历史发展过程中，逐渐形成了以国家和民族兴亡为己任、敢为天下先、善为天下先、勤劳勇敢、自强不息的民族精神。民族精神，作为中华文化最本质、最集中的体现，作为各民族生活方式、理想信仰、价值观念的集中浓缩，作为联系中华民族的精神纽带，作为支撑各民族发展的动力，需要代代相传、绵延不绝。大学，作为育才造士之场所，作为研究高深学问之场所，传承中华精神，主要是两个渠道：其一，立德树人；其二，传播知识、传承学术，致力于思想理论和科学技术前沿的创新。

立德树人，是大学的立身之本。《大学》，作为四书之首，开宗明义就说"大学之道，在明明德，在新民，在止于至善"。大学之所以为大，就是因为它在授业解惑的过程中，以大道指引人，以大智启发人，致力于把人培养成为栋梁之材。何为大学？君子大人之学也。大学之大，乃谓育"大人"之谓也。也就是说，大学的根本是培养学生的德行，培养学生树立以天下为己任、独立思考、不断创新的精神，同时要引导学生积极实践，只有这样，才能真正培育出兼具健康体魄和健全人格、既有实践能力又有全球视野的卓越人才，从而引领国家和民族的未来。蔡元培先生说"德者，本也。若无德，则虽体魄智力发达，适足助其为恶"。苏格拉底说，知识即美德。欲养大德、必得大道，欲得大道、必先治学。"非学无以广才，非志无以成学。"那么，中国的大学应引导学生走何大道，以何为志？历史和现实告诉我们，个人理想只有同国家的前途命运、同社会的需要和人民的利益相一致才有价值、有意义。正如马克思在他中学的毕业作文中所说："如果人仅仅为自己劳动，也许他能够成为著名的学者，伟大的智者，卓越的诗人，但他永远也不可能成为完善和真正伟大的人。"理想信念不是虚无空洞的东西，相反，它有着巨大的感召力和吸引力。美国记者埃德加·斯诺在《西行漫记》中对曾在延安战斗和生活的人们做了生动的描述："我在他身上开始发现一种后来我在这样奇怪的铁一般团结的中国革命家身上一再碰到的特有的品质。有某种东西使得个人的痛苦或胜利，成为大家集体的负担或愉快，有某种力量消除了个人的差别，使他们真正忘记了自己的存在，但是却又发现存在于他们与别人共自由同患难之中。"[①] 文章中所说的"某种东西"和"某种力量"，就是对革命的正义性的信仰和对革命必胜的信心。这种信仰和信心，是一个人的精神的支柱，关乎人的思想灵魂和国家的兴衰存亡。因此，高校的思想政治工作，应当引导大学生坚定中国特色社会主义共同理想，把个人理想与国家和民族的事业相结合，让"校园中青春的精魂点燃昭示理想的火炬"，"以坚毅的、顽强的、几乎是前赴后继的精神"，绵延不断地永续中国精魂。

传播知识、传承学术，创新思想与科学技术，同样需要精神的力量。西南联合大学短暂而璀璨的历史，是一个极好的例证。西南联大前后不过存在九年，却成为中国教育发展史上象征着爱国、进步、奉献精神的一座丰碑（第 11 页左图）。西南联大是一座文化中心，尽管地处边陲，却发挥了引领思想、服务社会的巨大作用，翻开了中国近代文化史上绚烂的一页。在 23 位"两弹一星功勋奖章"获得者中，有 6 位是联大学生；新中国成立后的两院院士中，

———————————

① 许启贤：《中国共产党思想政治教育史》，中国人民大学出版社 1999 年版，第 165 页。

联大师生共计 164 人，其中联大学生有 90 人。在这里，华罗庚完成了开创性的著作——《堆垒素数论》；吴大猷的《多原子分子的结构及振动光谱》被视为该领域的经典；还有张青莲的《重水之研究》、赵九章的《大气之涡旋运动》、孙云铸的《中国古生代地层之划分》、冯景兰的《川康滇铜矿纪要》、马大猷的《建筑中声音之涨落现象》、闻一多的《楚辞校补》、冯友兰的《新理学》、陈寅恪的《唐代政治史述论稿》、汤用彤的《汉魏两晋南北朝佛教史》等大批奠基性论著①。西南联大不仅在学术上为后人留下了璀璨耀眼的成就，在抗日救亡的战线上，同样留下了他们刚毅坚定的身影。在它存在的短短九年间，先后有 1200 余名联大学子投身于抗日救亡的大军，其中，14 位联大学子献身于抗日战争的烽火中。回忆联大时期的经历，陈岱孙先生说："这个草创的新大学有一个传统，那就是民主与科学的传统。在那强敌深入、风雨如晦的日子里，弦歌不辍确是一回事。但更重要的是精神境界……追求民主与科学确是当时我们的共同认识和信念。"朱光亚先生说："我们这些西南联大的学子，深深地怀念着在'爱国、民主、科学'精神和'刚毅坚卓'校训（第 11 页右图）熏陶下的岁月，深切感谢母校和老师们辛勤的培养之恩。"杨振宁先生说："战时，中国大学的物质条件极差，然而，西南联大的师生却精神振奋，以极严谨的态度治学，弥补了物质条件的不足。"郑天挺先生说："联大师生的敬业精神和友爱、团结的优良传统，是能造就众多人才，驰名于

---

① 《回眸西南联大》，来源：http://pic.learning.sohu.com/detail-704857-26.shtml#26.

中外的主要原因。在抗战期间，一个爱国知识分子，不能亲赴前线或参加战斗，只有积极从事科学研究，坚持谨严创造的精神，自学不倦，以期有所贡献于祖国。"正是在这股精神力量的激励下，联大师生创造了辉煌成绩，使这所战火中的大学，被称为中国历史上最好的大学之一，为世人所敬仰和瞩目。

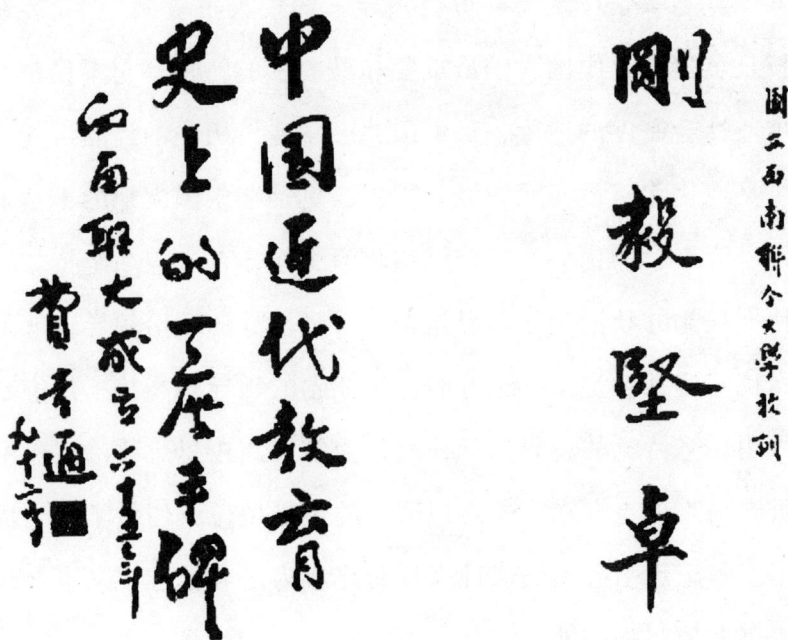

（三）扎根中国大地办大学：高校思想政治工作是中国大学的特色，也是办好中国大学的优势

习近平总书记在 2014 年 5 月 4 日同北京大学师生座谈时指出："办好中国的世界一流大学，必须有中国特色。没有特色，跟在他人后面亦步亦趋，依样画葫芦，是不可能办成功的。……我们要认真吸收世界上先进的办学治学经验，更要遵循教育规律，扎根中国

大地办大学。"① 总书记的这一论述，深刻体现了矛盾的普遍性与特殊性有机统一的辩证思维，阐明了只有在立足于国情、校情的基础上，才能科学把握办学治校的规律，走出一条中国特色的高等教育发展之路。

我国的《高等教育法》明确规定"国家举办的高等学校实行中国共产党高等学校基层委员会领导下的校长负责制"。党委领导下的校长负责制是中国大学最重要和最突出的特色，它不仅是对中国国情与社会制度的适应，是中国共产党建设历史的经验沉淀，是社会主义现代化建设实践的经验积累，更是在中国大地的土壤上建设世界一流大学的优势。高校思想政治工作，首先应当坚持党的领导，特别是党的政治领导和思想领导。坚持党的政治领导，就是要保证高校坚持社会主义办学方向，保证党的领导在高校工作中全面发挥作用；坚持党的思想领导，就是要掌握高校思想政治工作主导权，巩固马克思主义在高校意识形态的主导地位，用科学理论培养人，用正确思想引导人，保证高校始终成为培养社会主义事业建设者和接班人的坚强阵地。

起源于 1931 年中国红军学校的中国人民抗日军事政治大学（简称抗大），就是在坚持正确的政治方向、坚持党的领导下，所取得辉煌成绩的典范。中国共产党创办抗大的目的，是为抗日战争培养军事政治干部。党中央非常重视抗大建设，初建时毛泽东同志任政治委员，之后又兼任教育委员会主席。毛泽东同志确定的抗大

---

① 《习近平谈治国理政》，外文出版社 2014 年版，第 174 页。

教育方针是："坚定正确的政治方向，艰苦朴素的工作作风，灵活机动的战略战术。"抗大的学员主要来自三个方面，第一部分是经过土地革命战争和长征考验的红军干部。红军中的许多高级将领如罗荣桓、罗瑞卿、谭政、彭雪枫、陈光等，他们有的兼任抗大领导，有的兼任抗大教员，同时也都是抗大的学员；第二部分是八路军、新四军和各抗日根据地的军政干部；第三部分是来自全国各地和海内外的具有爱国精神的革命知识青年，在抗日救亡运动高潮的推动下，奔赴延安和各抗日根据地，来到抗大接受教育培训。① 由于阶级出身、政治水平、文化程度、军事素质各不相同，有些学员是经过枪林弹雨考验、爬雪山过草地的老红军，而有些学员来自敌占区或国统区，所受的系统教育大多是反动教育、奴化教育，或多或少地存在着非无产阶级的思想意识和阶级立场，如何转变这些学生的思想，使其坚定正确的政治方向，是抗大思想政治工作的首要任务，它决定了抗大能否成功地培养出中华民族解放事业的革命先锋，完成历史使命。

抗大思想政治工作的成功经验主要有三个方面：第一，坚定地将坚持正确的政治方面作为教育首要方针。毛泽东同志在1939年规定了抗大的三大教育方针，即"坚定正确的政治方向，艰苦朴素的工作作风，灵活机动的战略战术"，他强调，"这三者是造就一个抗日的革命军人所不可缺一的"②。当时中央军委也强调，学

---

① 《中国人民抗日军事政治大学》，来源：http://theory.people.com.cn/n/2013/0724/c366646-22306960.html.

② 刘昌辉、纪光辉：《抗大思想政治教育成功经验探析》，http://www.xzbu.com/7/view-3590636.htm，最后访问日期：2017年8月25日。

校的一切工作都是为了转变学员的思想。第二，以师德师风为重，教师不仅传授知识，更要以身作则。抗大的政治教员不仅注重教授中国革命的基本理论和基本知识，还"以身作则地与学员生活在一起，同吃、同住、同工作、同战斗，和学员谈心交心，建立了患难与共、生死相依的革命情谊"①。第三，强调教、学、做三者并重、言行一致。抗大要求教员必须贯彻执行党的实事求是、理论联系实际和密切联系群众的作风，教员怎么讲就要引导学员怎么做，以抗日根据地战场为课堂加强军事理论演习和实战训练，通过劳动和日常生活开展群众工作，解决实际问题。毛泽东同志说："抗大象一块磨刀石，把那些小资产阶级的意识、感情冲动，粗暴浮躁，没有耐心等等，磨它个精光，把自己变成一把雪亮的利刃，去创新社会，去打倒日本。"②

事实证明，抗大坚持党的领导和正确的政治方向，转变学生思想观念，为各抗日根据地共培训了 10 多万名军政干部，为抗日根据地的扩大与巩固，为八路军、新四军的发展与壮大，作出了巨大贡献。当时的侵华日军中最害怕听到"抗大"二字，曾流传过"二十个日本兵换一个抗大学员，用五十个日本兵换一个抗大干部"③ 的说法。彭德怀说："只有抗大才能把八路军、新四军中的

① 《北京大学与中国共产党的密切关系》，来源 http：//pkunews.pku.edu.cn/xwzh/ 2011-06/16/content_ 203528.htm.
② 中共中央党史资料征集委员会、中共中央党史研究室编：《中共党史资料》第七辑，中共党史资料出版社 1983 年版，第 36 页。
③ 《北京大学与中国共产党的密切关系》，来源 http：//pkunews.pku.edu.cn/xwzh/ 2011-06/16/content_ 203528.htm.

散兵游击队变成正规军，也只有抗大才能把这种正规军变成攻无不克、战无不胜的铁军，其中，思想政治教育发挥了重要的铸魂功能。"① 抗日根据地的大部分领导干部和军队的大部分将领与指挥员，都毕业于抗大或在抗大培训学习过。中国人民这支抗日军队之所以能在极端困难的环境和条件下，保持着政治上、军事上的先进性，战胜了日本帝国主义，继而在解放战争中打败了国民党的反动军队，完成了新民主主义革命的任务，这和抗大的教育培养是分不开的。抗大的辉煌，充分展示了党的思想政治工作所激发的思想的力量。中国大学的特色和优势，关键在于坚持中国共产党的领导，继承和发扬中国共产党的思想政治工作特色与优势，以精神的力量培养人、塑造人、发展人。

新中国成立后，高校在党的领导下，适应新的形势与环境要求，不断加强与完善思想政治工作。北京大学是新文化运动的中心和五四运动的策源地，最早在中国传播马克思主义和科学、民主思想，是创建中国共产党的重要基地之一，具有学习研究传播马克思主义和永远跟党走的革命传统。北大始终坚持党的领导，引导广大学生坚定理想信念，牢固树立"四个意识"，树立社会主义核心价值观，不断加强和改进新形势下的思想政治工作，主要有四个方面的特点：第一，坚持"有虚有实"②，持续深化实践育人，让核心

① 刘昌辉、纪光辉：《抗大思想政治教育成功经验探析》，http://www.xzbu.com/7/view-3590636.htm，最后访问日期：2017 年 8 月 25 日。

② 《陈宝生：切实推动高校思想政治工作创新发展》，后文"有棱有角""有情有义""有滋有味"引自同一篇文章。来源：http://www.edu.cn/edu/jiao_yu_bu/jiang/201708/t20170807_1545990.shtml.

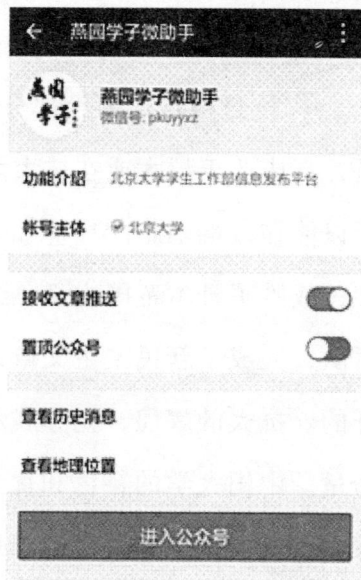

价值观外化于行。通过一系列党团日和党支部活动，培养学生党员骨干成为践行核心价值观的排头兵，同时，通过各项公益活动，使学生得以真正将思想认识转化为实践，用认识指导实践，在实践中践行认识。第二，坚持"有棱有角"，坚定马克思主义信念不动摇。通过"北大新生第一课"和"教授茶座"等品牌活动，引导学生树立正确的价值观，把握好学术研究与意识形态的关系，真正做到"学术研究无禁区、课堂讲授有纪律、公开言论守规矩"。第三，坚持"有情有义"，通过"未名星""感动燕园身边故事"等评选活动，将理性原则和情感原则相结合，避免千篇一律、千人一面，通过润物无声的人文关怀引导、教育广大学子。第四，坚持"有滋有味"。北大创新性地采用网络新媒体平台，通过"未名BBS"和未名官方微博与学生和社会各界展开互动，在微信平台建立"燕园学子微助手"，定期向学生推送各项学生工作进展。此外，北京大学还举办了"中国梦"微电影大赛，通过这种与时俱进、新鲜有趣的方式，把深刻的道理深入浅出地传达给年轻学生。到目前为止，北京大学已经构建起了"从点到线、由线及面，点、线、面结合"的全程全方位立体式的大学生社会主义核心价值观教育体系①。通过多种多样的思想教育宣传活动，全校学子的精神风貌有了显著提高，不仅对社会主义核心价值观、对"中国梦"的重大意义有了更加深入的认识，而且在学习、生活中真正践行自己的理想信念，以实际行动为国家的发展、繁荣和富强，为实现中华民族伟大复兴的中国梦贡献力量。正如北京大学考古文博学院2009级本科团支部写给习近平总书记的信中所说："我们支部的每位同学都有自己的职业设计和人生理想，但大家更有一个共同的梦想，那就是您讲的中国梦。对我们北大学生来说，有成长成才的个人梦，也有把母校建设成为世界一流大学的北大梦，而中国梦是我们最崇高最美好的梦想。"②"中国梦"是当代青年人的理想和奋斗目标，也是他们肩上一份沉甸甸的责任。习近平总书记在回信中强调，在青年人的成长道路上，"得其大者可以兼其小"，当代青年人要把个人理想融入到国家和民族的事业中，"珍惜韶华、奋发有为"③，

---

① 《"点线面结合"：全程全方位立体式培育和践行社会主义核心价值观——北京大学开展大学生社会主义核心价值观教育情况汇报》，内部资料。

② 《习近平总书记回信在北大师生中引起热烈反响》，来源：http://www.jyb.cn/high/gdjyxw/201305/t20130505_536599.html。

③ 《习近平回信北京大学生勉励青年珍惜韶华奋发有为》，来源：http://news.sina.com.cn/o/2013-05-04/204027026417.shtml。

勇做走在时代前面的奋进者、开拓者、奉献者，努力使自己成为国家发展的栋梁之材，为实现中华民族伟大复兴的中国梦贡献自己的智慧和力量。

二、高校思想政治工作面临的新挑战

（一）大学生理想信念受到挑战

1985 年 9 月，《中国青年》杂志曾发表过一篇对七万余名青年的问卷调查分析报告，报告显示：选择"理想的追求比金钱更重要"的达 94.6%；选择"最关心的是能否发挥自己的能力"的达 95.6%；选择"希望工作能够提高自己文化素养"的达 89.6%。[①] 2014 年 6—7 月，教育部哲学社会科学发展报告建设项目《中国大学生思想政治教育发展报告》课题对全国 30 所部属高校的 3000 名大学生展开了问卷调查，调查显示，77.7% 的大学生对"人生梦想是国家梦、民族梦、个人梦的有机统一"表示赞同，73.7% 的大学生对"国家兴亡，我的责任"表示赞同，81.8% 的大学生对"奉献是人生最大的快乐"表示赞同，72.9% 的大学生对"人生价值只有在集体中才能得到更好的实现"表示赞同，67.2% 的大学生对"先索取，后奉献"表示反对[②]。两次调查时隔近 30 年，基本可以

[①] 陈训秋、周鹏：《中国和西方青年运动发展之异同》，《青年文化与青年运动》1989 年第 4 期。

[②] 沈壮海、王军：《大学生思想政治状况的新态势及其引导——基于 2014 年度大学生思想政治教育状况调查数据的分析》，《思想政治课研究》2015 年第 4 期。

理解为是在对父子两代人的调查。虽然，从 2014 年的数据来看，整体上大学生对中国梦的战略思想有着高度认同和深刻理解，能够将中国梦、民族梦与个人梦有机统一，但是，相较于他们的父辈近乎"一边倒"的数据结论，有着较明显的差距。

如果我们再来进一步对比其中的一组数据，便会发现差距的明显。1985 年针对中国青年的调研，94.6% 的青年选择了"理想的追求比金钱更重要"。2014 年的调研，进一步细分了大学生的人生理想追求所看重的，从选择比例来看，从高到低依次是"精神满足"（28.1%），"兴趣爱好"（19.7%），"家庭需要"（18.2%），"物质财富"（15.3%），"社会地位"（10.9%），"国家需要"（3.9%），"声誉名望"（2.0%），"其他"（1.8%）。整体而言，选择明显偏向了个体价值层面，注重物质财富和社会地位追求的群体比例超过 1/4。

再来看看北京大学的调查数据。自 1990 年以来，北大已经连续 27 年配合教育部开展了学生思想政治状况滚动调查工作。2015年以来，北大进一步加大了有关学生价值观现状和培育工作的调研力度，重点依托全国高校师生思想政治状况滚动调查，加大调查的样本量，开展专题系列调研。2015 年的调查显示：绝大多数学生对党和政府的工作表示满意，对中央持续高压反腐倡廉和积极推进民生领域改革等重要决策十分满意；对以习近平同志为核心的党中央治国理政的表现和成效给予高度评价，其中"中央持续高压反腐，坚持苍蝇老虎一起打""细化八项规定政策不断出台"的赞同度分别为 88.3% 和 85.1%。学生对党和政府施政中体现出的亲民、实干、改革、廉洁等特征表示认同，"亲民""改革""实干""廉洁"是以习近平同志为核心的中央领导集体带给学生们最主要的印象。学生对党的重大理论观点或多数政策主张表示认同。但调查同时发现：个别学生在政治参与、学习生活和社会实践中存在一定的功利性；个别学生受到网上一些错误思潮的负面影响，对一些问题的认识模糊不清或出现偏差；部分学生在社会主义核心价值观的践行上还不够自觉和到位，部分学生的理想信念淡化，少数学生对马克思主义及中国特色社会主义理论的理解和认识有待提高。

综合上述针对不同年份、不同时间跨度、不同区域、不同学校的大学生的思想政治情况调查，我们发现，整体而言，大学生高度肯定党的领导和中国特色社会主义道路，理想信念坚定。但落实到具体行动，特别是在面对国家价值和个体价值的选择时，单纯考虑国家价值的比例有所下降，更多的是考虑国家价值与个体价值的统一，如果细分成财务、社会地位、荣誉、兴趣、家庭需要、精神等各方面，可以发现，大学生开始更加关注个体和家庭层面的利益诉求的实现，个别学生出现明显的功利倾向。同时，不排除个别同学理想信念淡化或模糊，可能会得"软骨病"。

（二）我为什么而活：警惕价值观缺失

教育作为人的一种生存方式，体现了受教育者和教育者的生存处境及其终极关注。"我为什么而活"——这是人生中最大的问题。关于人生意义的探讨，古今中外，自始有之。孔子、孟子、老子、庄子、朱熹、梁启超、苏格拉底、柏拉图、亚里士多德、黑格尔、尼采、斯宾诺莎等，都从不同角度阐释了他们对人生终极意义的思考，或为善、绝对精神，或为自由、超人以及最高的人生完美之境等。可谓仁者见仁，智者见智，多姿多彩，美丽神秘。这种追问和探寻，对个人、民族乃至社会的影响都是巨大的、持久的、必要的和深远的。

然而，科技进步带来的生活快节奏、文化快餐式消费、手指经济时代下人际关系的淡漠以及解构主义、后现代主义的思潮，全球的大学正面临着一个共性的问题：即，关于人生意义的讨论在人文学科中的权威性受到了严峻挑战。正如美国耶鲁大学教授、曾任耶鲁大学法学院院长的安东尼·克龙曼（Anthony T. Kronman）所说，"正在我们最需要的时候，人文学科放弃了它们在通识教育中的核心作用——帮助学生追寻生命的意义。"他深入考察了人文学科的衰微、学术研究理想的转变、大学的转型等重大主题，探讨了大学放弃追寻人生意义的深层原因。他呼吁要复兴大学中失去的人文学科传统，通过精细而批判性地阅读文学和哲学巨著来追寻人生的意义①。克龙曼的忧虑在于：关于人生意义的探讨正逐渐消失在人文教育的视野中，而对生命终极意义的哲学性追思也逐渐隐匿于人文学科教育的讨论中。②

---

① 安东尼·克龙曼：《教育的终结：大学何以放弃了对人生意义的追求》，诸惠芳译，北京大学出版社 2013 年版。

② 安东尼·克龙曼：《教育的终结：大学何以放弃了对人生意义的追求》，诸惠芳译，北京大学出版社 2013 年版。

（三）失语、失踪、失声：马克思主义学科被边缘化的危险

习近平总书记在哲学社会科学工作座谈会上指出："在有的领域中马克思主义被边缘化、空泛化、标签化，在一些学科中'失语'、教材中'失踪'、论坛上'失声'"①，这是当前哲学社会科学领域存在的核心问题。另外，还有一些不和谐的杂音：有人认为"马克思主义已经过时"，有人认为"产生于欧洲的马克思主义不适用于有着不同文化传统的中国"。

马克思主义学科教育和研究的边缘化，是当前高校思想政治教育面临的严峻挑战。"一些学科研究和建设离开了中国实际，放弃了马克思主义的立场、观点和方法，不加分析地把国外学术思想和学术方法奉为圭臬。"② 学术界甚至流传着一句顺口溜："有的哲学研究者不好好说话，有的经济学研究者不说中国话，科学社会主义研究者没地方说话。"③ 在当今学术界，对于马克思主义理论学科的学术评价上存在一种错误的倾向，"把马克思主义认为是过时的理论"，甚或认为马克思主义不是学术，研究马克思主义的学问不是学问。在一些学科领域的期刊杂志上，学术文章很少甚至根本没有提及马克思主义的立场、观点和方法，大多都是依赖西方的概念、理论、模型和方法来进行研究。而在一些学术和政策论坛上，

① 《习近平谈治国理政》第二卷，外文出版社 2017 年版，第 329 页。
② 邓晖：《让马克思主义发出时代最强音——学习贯彻习近平总书记在哲学社会科学工作座谈会上重要讲话》，《人民日报》2014 年 6 月 2 日。
③ 邓晖：《让马克思主义发出时代最强音——学习贯彻习近平总书记在哲学社会科学工作座谈会上重要讲话》，《人民日报》2014 年 6 月 2 日。

也大多是照搬各种西方理论来分析中国和世界，很少能见到有学者坚持用马克思主义做指导，实事求是，具体情况具体分析，在这些论坛和学术领域，马克思主义已经"失声"。不仅在学术研究领域如此，在一些大学的专业教学中，情况也并不乐观。当前，一些大学与西方理论有关的课程数量和课时数远远超过与马克思主义有关的课程；一些教师拒绝使用中国学者尤其是马克思主义学者编著的教材，而是直接采用西方原版教材或中文译本，马克思主义在很多学科教材中"失踪"；教师在教学中缺乏理性批判的态度，很少对各种西方理论进行批判性理解；在研究生招生的专业课考试中，马克思主义的比重也远远少于西方理论。[①] 在这种背景下，一些马克思主义研究者被迫转向西方理论的科研和教学，也导致不少青年学生跟着学者指挥棒前行，冷落马克思主义而选择西方理论。

（四）签到不抬头：思想政治课的尴尬处境

谈及思想政治课的效果，"双率"成了新名词，即"抬头率""点头率"。关于高校思想政治理论课"抬头率"和"点头率"双低的现象，教育部部长陈宝生在 2017 年十二届人大五次会议的记者会上说，"思想政治理论课抬头率不高，人到了心没有到，原因是内容不适应大学生的需要"。他形容当前的高校思想政治理论课

---

① 《让马克思主义发出时代最强音——学习贯彻习近平总书记在哲学社会科学工作座谈会上重要讲话》，《光明日报》，http://theory.jschina.com.cn/lilunzhuanti/517/touquyou/201606/t2848509_1.shtml.

"配方"比较陈旧，"工艺"比较粗糙，"包装"不那么时尚。① 具体而言，主要原因是三个方面：

第一，教学内容方面。课程内容体系化仍有继续提升的空间。思想政治理论课是立德树人的根本，应贯穿于学生初中、高中、本科、研究生多个阶段，不同阶段在教学内容上的重复失去了教育发展的持续性，使得学生缺乏学习兴趣和内生动力。

第二，理论联系实际不够，进了书本进了课堂，但难以真正"进头脑"。这个"实际"包括三个层面：一是理论实际，也就是重大理论问题、理论热点问题。二是实践的实际，也就是重大实践问题或者被广泛关注的实践问题。三是学生的思想实际，也就是学生的思想动态，学生关注的理论问题、实践问题。

第三，教学方式与课程考核方式方面。多数仍是传统的大班讲授，传统教学模式不适应信息化时代需要，不足以激发学生学习热情和兴趣，课堂讨论及课外实践等教学环节不够，仍然是以考查知识点为主，偏重于考查学生对马克思主义基本原理的掌握程度，对学生社会主义核心价值观的养成情况、理论运用于实践的能力情况考查不足。

北京大学教务系统针对北大思想政治理论课情况做了调研，发现学生对思想政治理论课的评价有明显分流，有特别喜欢思想政治理论课的同学，表示"很有趣""老师上课很认真，而且感觉得出

---

① 教育部部长陈宝生：《高校思想政治理论课抬头率不高》，http://cn.chinadaily.com.cn/2017-03/12/content_28524514.htm，最后访问日期：2017年7月31日。

对自己所研究的马克思主义哲学很虔诚，还是很让人感动的"；但也一些学生表示不喜欢，究其原因，主要是：有学生认为教学内容没有实际用处，有的学生认为与中学内容有重复，有的认为教学内容容易理解而不需要过多投入，有的觉得专业课课业负担太重，等等。如何提高学生对思想政治理论课的认识和兴趣，提升学生参与课程和教学的积极性，是增强思想政治理论课实效的重要任务。

他山之石：杜克大学每年春季学期都有一门叫"马克思主义与社会"的本科生课，这门课的实际内容就是带着学生把马克思的主要经典著作读一遍，让学生对马克思的理论框架有个了解，因此说是"马克思主义原理"也不为过。这门课可容纳50名学生，在杜克的人文社科院系算是大课，堂堂爆满，还有一堆没抢到位置还来蹭听的学生。主要有四个原因：1. 这门课被列为哲学、政治学、社会学、人类学、文化研究五个专业的选修课。2. 这门课的教授迈克尔·哈特（Micheal Hardt），是当今西方知识界最为重要的马克思主义学者之一。他与意大利学者、社会活动家安东尼奥·奈格里（Anotonio Negri）合著了《帝国》《诸众》《大同世界》三部曲。3. 哈特教授在讲课时将"自我"掩藏得很好，鲜有提及自己的学术和政治观点，而将主要精力放在向学生阐明马克思本人的理论逻辑、带领学生透过马克思的核心概念观察社会现象上。更加难能可贵的是，他身上透着一股严肃知识分子特有的自省和克制，在课堂上常常抛出"这块儿我可能没讲清楚""我不知道我这个想法对不对"之类的话来，与他著作里那个充满战斗精神的鼓手形象相去甚远。4. 哈特教授在阐释文本时，常常引导学生设身处地站在马克思的角度上，想象他所看到的社会现实是如何引导他思考问题的。只有将马克思当作一个有血有肉的人看，才能真切体会年轻时候的他在《共产党宣言》里那种血气方刚的无畏精神，在面对路易—波拿巴复辟王权时的无奈与强作乐观，在巴黎公社兴起之时的激动，在公社失败之后那种"又为斯民哭健儿"般的至痛悲愤，在中晚期作品里对自己早期思想的反思，以及在"学者"和"政治活动家"两重身份间的挣扎。①

（五）意识形态多元的冲击

当前，国际上思想文化不断交流交融交锋，国内社会思潮更加多元多样多变，网络舆论格局也日趋复杂。这些新形势、新特点、新矛盾和新问题，对高校的意识形态工作带来了新的挑战。知识无国界，知识分子有国籍。高校是科技文化国际交流的重镇、文化思潮相互激荡的前沿、国际势力争夺青年的主战场，应始终扎根中国大地，坚持和巩固马克思主义在意识形态领域的领导地位，清醒认识各种文化思潮的交锋交融。如果放任自流，一味地拿来，就有可能导致意识形态方面的"价值雾霾"②。由于高校师生在经济、地域来源、学科观点等方面存在差异，各种形形色色的思潮必定会对

---

① 《美国高校怎么教"马克思主义原理"》，来源：http://www.sohu.com/a/14036962_111230.
② 柳新元：《一致性意识形态与当代中国制度变迁的动力学》，《武汉大学学报（哲学社会科学版）》2006 年第 3 期。

师生的思想构成冲击和影响，就可能削弱马克思主义在意识形态领域的主导地位。倘若失去马克思主义"一元主导"统领，我们就可能失去主心骨，个体的价值取向也会偏离社会价值导向而各行其是，从而导致社会运转陷入无序或混乱。习近平总书记指出："意识形态工作是党的一项极端重要的工作。"① 马克思也指出："如果从观念上来考察，那么一定的意识形态的解体足以使整个时代覆灭。"② 在长期的革命、建设历程中，我们党在意识形态工作方面形成了优良传统和政治优势。面对日益复杂的意识形态工作，要做好高校思想政治工作，一方面需要切实增强党组织功能，发挥党组织的思想引领作用，用先进的办学理念推动高等教育改革，使多元思想碰撞成为推动发展的助力；另一方面，要始终坚持马克思主义在意识形态领域的主导地位，将社会主义核心价值观确立为师生行为的根本遵循，使多元的理念共同整合在核心价值观的追求中，形成推动思想政治工作的意识形态合力。

（六）新媒体时代：你 out 了吗？

新媒体的迅速发展营造了当下全新的社会文化语境，传统、现代与后现代的价值观念相互撞击，新旧问题杂然共生，构成了当下时代最炫目的文化景观之一，新媒体为学生提供多元、灵活的信息渠道与交流机制，迫切要求高校创新思想政治教育工作的理论和方法。

---

① 《习近平谈治国理政》，外文出版社 2014 年版，第 153 页。
② 《马克思恩格斯全集》第 30 卷，人民出版社 1995 年版，第 539 页。

首先，在新媒体的冲击下，高校思想政治工作的社会环境、文化环境变得更加复杂。思想政治工作的对象、模式、队伍都相应发生了变化，大学生的生活、学习、心理和价值观都受到严峻挑战。社会历史、文化语境的变迁，产生了一种对原有的媒介阐释模式的"切断"效用。新媒体迫使人们思考如何重构公共空间，引导社会文化整合，并提供基本的价值遵循和沟通交往规则。如何在新媒介时代加强对青年思想观念的引领，凝聚核心价值观成为了新的突出挑战。

其次，新媒体改变了传统的交流和传播方式，加大了舆情监控和媒体管理的难度。在新媒体盛行的当下，多重话语的交错扭结，多元文化的信息爆炸冲击波，令人眼花缭乱；媒体的自我更新及炒作方式，更是加大了舆情控制和思想引领的难度。马克·波斯特（Mark Poster）在《第二媒介时代》中阐述了第二媒介时代双向沟通和去中心化的特质。有别于第一媒介时代"传播模式"的单向特质，第二媒介时代通过网络和虚拟现实等电子媒介逐渐改变人们的交流习惯，并对受众的身份进行深层的重新定位。[①] 查尔斯·纽曼（Charles Newman）指出，"目前，占主导地位的意识不只是思想的相对性，而且还是纯粹数量和信息的错乱"。[②] 高校受到来自非政府组织的潜在影响力有所增加，可能对学生的思想行为产生影响。例如，一些国际非政府组织以学术研究、志愿服务、境外培

---

① 波斯特：《第二媒介时代》，范静晔译，南京大学出版社2000年版，第75页。
② Charles Newman：*The Post-Modern Aura*，*The Act of Fiction in an Age of Inflation*. Northwestern University Press, 1985, p.9.

训、公益活动等形态出现，吸引学生；也有一些非政府组织通过微信公众号发布文章，吸引青年学生关注；也有一些宗教组织开始以扫描二维码的方式吸引学生，特别是新生。

再次，新媒体的"互动性""开放性""虚拟性"对传统的大学生思想政治教育模式提出了挑战。传统的大学生思想政治教育模式强调信息的可控性，教育信息一般要经过教育者严格筛选和整理后才传授。这种教育方式具有明显的单向性和可控性。传统的高校思想政治教育模式与社会现实相对脱节、内容陈旧、方法单一，它不重视学生的自我体验和情感调动，因而很难与大学生产生"共鸣"。而新媒体由于突出了双向性，当代大学生更喜欢在无屏障的开放空间，平等地互动交流。北大通过长期观察网络平台发现，越来越多的大学生愿意通过网络，特别是匿名平台来表达自己的困惑和情绪，开始出现"思想困惑"的外显化特征。

最后，新媒体传播的"多向性"深刻挑战着高校思想政治工作者的权威。长期以来，大学生思想政治教育工作者都扮演着权威者角色，他们负责组织、实施、控制整个教育过程，他们掌握着可以确定教育内容、选择教育方法和教育手段的权力，学生是单向度的吸收和接受。然而，由于新媒体平台的出现且越来越成为人们交往互动的重要渠道，信息的多向性极大丰富了大学生进行自我选择和比较的可能。而大学生群体，恰恰是好奇心、求知欲、探索欲最强的群体，往往是新媒体最早的接受者和最主流的使用者，最积极的推广者。这就要求高校思想政治工作者需要不断更新教育内容、方式与手段，增强同大学生之间的互动，增加启发式、研讨式教学，增加教学中的实践环节。在新媒体时代，思想政治教育工作者如果无法与时俱进、及时更新观念和教育手段，往往会感到力不从心，与学生产生隔阂和代沟，更有甚者，如果教育工作者在信息的接受速度和数量上低于教育对象，还可能会失去宣传教育学生的优先地位，教育者自身的权威受到严峻的挑战。

三、高校思想政治工作改革创新的基本原则

（一）"立德树人"，明确高校思想政治工作导向性

党的十八大报告指出，"把立德树人作为教育的根本任务，培养德智体美全面发展的社会主义建设者和接班人。""立德树人"，要求坚持党的领导和社会主义办学方向，把高校思想政治工作同我国发展的现实目标和未来方向紧密联系在一起，用正确的思路和方法对高校学生进行思想政治教育，围绕学生、关照学生、服务学生，引导学生正确认识世界和中国发展大势，正确认识中国特色和进行国际比较，正确认识时代责任和历史使命，正确认识远大抱负和脚踏实地，全面提高学生思想政治素质，培养德智体美全面发展的社会主义事业建设者和接班人。

综观世界与中国的发展，世界范围内思潮交锋，中国改革进入深水区，而仍处在自身的理论水平和思辨能力培养阶段的同学们，面对着中国与世界的互动与比较，极容易混淆误判焦点事件背后的利益博弈和理论根源。互联网时代新闻传播的便捷，与教育国际化

阶段出国交流机会的日益增多，高校思想政治工作挑战与机遇并存，大学生只有正确树立历史绵延至今的纵坐标与中国同国际比较的横坐标，有机将两条思路交汇理解，将专业知识与理想信念紧密结合，不抗拒比较，相信"越辩越明"，才能兼备爱国情怀、世界眼光和时代精神。

党和国家提出了"两个一百年"的目标，幸运的是，当代大学生成长的黄金周期同"两个一百年"的奋斗目标完全吻合。在这样的时代背景和历史征程中，"精致的利己主义者"和"过客""看客"们，终将被历史大浪淘沙，只有走在时代前列的奋进者、开拓者、奉献者才能在广阔的舞台上建功立业。《北京大学综合改革方案》就明确提出，要"追求世界最高水准的教育，培养以天下为己任，具有健康体魄与健全人格、独立思考与创新精神、实践能力与全球视野的卓越人才，培养走在时代前列的奋进者、开拓者、奉献者"。

（二）"因势利导"，增强高校思想政治工作实效性

因势利导，就是要关注学生个体发展的特点和需求，抓住最佳教育时机，因材施教，适时引导，以满足学生成长过程中的需要和期待，同时不断提高高校思想政治教育的亲和力和针对性，要遵循思想政治工作规律，为学生提供必要的心理指导和广阔的学习资源，积极引导广大师生成为德才兼备的优秀人才。

具体来说，就是高校的思想政治教育工作要把社会主义核心价值观教育渗透进大学生教育的全过程，每个人都是鲜活的生命个

体，教育理论必须贴近大学生的学习和生活实际，找准与大学生思想的共鸣点，把握好思想教育的突破口，做到晓之以理，动之以情，用科学的理论武装人，用先进的理论引导人，从而引导大学生真正将社会主义核心价值观内化为驱动力、外化为行动自觉。同时，要强化大学生教育中立德树人的导向性，积极弘扬以改革创新为核心的实践精神，把立德和树人有机结合起来，平衡兼顾，不断完善思想教育体系，不增强思想政治工作的实效性。

在网络信息时代，以互联网为主体的多媒体系统不仅具有丰富的信息和知识储存，而且更新速度极快。在这种新的学习环境下，学校原有的教育方式发生了较大转变，教师的原有主导地位被动摇，他们不再是唯一的知识占有者和传播者，传统的老师传道授业解惑也不再是学生获取知识的唯一途径，而网络平台的迅速发展，为青年学生自身发展和学习提供了广阔而便捷的空间，这种技术进步带来的客观优势，年轻人以其独特直觉，凭借他们对新观念和新科技良好的接受能力，使得青年人的自我教育成为可能。

在观念塑造方面，互联网社会的连接力量使得具有相似角色认同的个体聚合成为不同类型的青年亚文化群体，社会上的价值观念通过大众传媒直接影响着全体网民；在能力培养方面，由于互联网所倡导的开放、平等、共享特性，吸引了大批青年自觉或不自觉地参与到各种线上、线下活动中，青年学生自身社会关系得以构建，参与各项事务的能力得到很大提高。在实践创造方面，互联网社会网络作为传承民族精神，弘扬民族文化的载体，更具感染力和影响力，激励越来越多的青年人积极参与到创新创业中去，施展才华、实现梦想，成为一支重要的主力军。但是由于青年学生生活阅历尚浅，正处于思想意识形态和价值观养成期，对信息爆炸、真伪交织的信息鉴别和筛选能力具有局限性，网络化的思维方式和行为模式也不能完全适用于现实生活，甚至会与现实世界产生严重冲突。

　　网络思想政治教育作为传统思想政治教育在互联网时代的补充和延伸，既具有传统的特征，又具有新型的特点；究其本质，站在教育的时代性发展角度来界定，它其实将传统的教育形式注入新的时代内涵。"全环境育人"理念强调，必须从尊重青年的主体权利与独立、自由、自主的存在状态出发，把传统的限制青年主体性发展的异己力量剥离出去，把开掘和提升青年的主体性作为价值目标，使青年获得"更高的解放"，从而使网络思想政治教育领时代风气之先，真正成为青年的自由自觉的行为选择。[①] 要做到这一点，一方面要情理交融、以情感人，注重网络思想政治教育的情感导向及趣味引导，充分利用互联网丰富的教学资源和平等互动的沟通方式，将高校的思想政治理论课教学延伸到网络中。另一方面要正确选择并灵活运用网络工具，微信、博客、BBS 网站等是反映学生思想动态的一个窗口，教育者应密切关注信息网络发展的前沿，不断学习，"升级"自身素质，学会使用多种传播方法，灵活运用各种网络工具对学生进行随时随地的思想政治指导，提升学生的使命担当，优化网络育人环境。例如"共青团中央"微博，紧抓热点掌握话语权、增强互动拉近青年距离、日常发布潜移默化影响。

[①]　蒋广学、张勇、王志杰：《全环境育人理念与当代青年发展》，《中国高等教育》2016 年第 10 期。

如"南海仲裁案"提出"中国一点都不能少"，"肯德基围堵大战"时号召青年理智爱国，都取得了良好的传播效果，起到了正面引导舆论的作用。

此外，要想通过课程建设收到立德树人的实效，各门课不仅都要守好自己的园、种好自己的田，还要把协同效应作为支撑点，使各类课程与思想政治理论课互相渗透，同向同行，达到润物无声的协同效应。

（三）"因势而新"，突出高校思想政治工作针对性

"因势而新"，就是要通过教育引导学生对中国和世界发展形势形成正确的认识。这就要求高校的思想政治工作的导向作用始终贯穿在教学中。一方面要引导大学生发扬党艰苦奋斗的精神，从党的伟大历史和建设中国梦辉煌历程中汲取信心，坚定信念。另一方面要引导大学生全面、客观、正确认识当代中国和整个世界，形成正确的人生观、价值观和世界观，明确当代学生肩负的历史使命，自觉把个人理想和国家命运统一起来；还要引导大学生把个人理想和现实相结合，把民族精神和创新精神相结合，把理想落到实处，成为实现中华民族伟大复兴的中国梦的践行者和开拓者。

"因势而新"，回答了"为谁培养人"的问题。我国高等教育发展方向和培养人的方向是一致的，高校的发展目标和培养人的目标是一致的，高校一切工作，包括思想政治教育工作就是要为人民培养人，为中国共产党治国理政培养人，为巩固和发展中国特色社会主义制度培养人，为改革开放和社会主义现代化建设培养人。具

体来说，就是要在坚持马克思主义指导的前提下，用社会主义核心价值观教育应对思想观念多元化问题，将优秀传统文化教育与现代教育相结合，解决文化自信不足问题，用道德和实践教育做到知行统一，用法律教育强化法治意识。思想政治教育工作者要密切关注大学生的生活和学习状态，善于发现问题，及时解决问题，尤其是对大学生最关心、最困惑、最敏感的思想和理论问题，要能够"讲清楚、说明白"，让学生健康成长。

"因势而新"，还需要正确处理好以下几个关系。一是要处理好教育主体和客体的相互关系，这要求高校将治学方式从"教授治学"转变为"师生共治"，积极发挥学生在大学教育和高校管理中的作用；二是要处理好教育内容和形式的相互关系，教育的内容固然重要，教育手段和方式也不容忽视，选择正确的教育方式能使教育效果事半功倍；三是把握好教育环境的开放程度，时至今日，原本占据主体地位的封闭的物理空间已逐步让渡给开放的虚拟空间；四是正确把握教育客体的发展路径，随着时代进步和科技发展，早熟性、叛逆性的自我成长取代规训传承已成为大势所趋；五是正确把握教育对象的社会角色，前喻文化时代、并喻文化时代逐渐向后喻文化时代过渡，"文化反哺"的现象更加突出。这就要求我们在"三全育人"，即"全员育人""全方位育人""全过程育人"的基础上，还要实现"全环境育人"，也就是要扎根中国大地、扎根中华传统文化土壤。

第二章　灵魂导向：强化思想
理论教育和价值引领

　　在物质水平飞速发展的现代社会，青年人常常认为自己幸福体验程度低，压力较大，困扰多多，物质的极大丰富和精神的巨大压力的冲突形成了这个时代青年人的困扰。然而，回顾历史，在每一个时代，青年人都有着面对青春的不知所措。计划经济时期，青年人对物质的渴望更加强烈，生活匮乏是普遍的，在西方思潮刚刚进入的时候，青年人也承受着巨大的精神困惑。由此可见，在精神困惑的作用下，灵魂塑造尤为重要。习近平总书记指出，当代青年是同新时代共同前进的一代。我们面临的新时代，既是近代以来中华民族发展的最好时代，也是实现中华民族伟大复兴的最关键时代。广大青年既拥有广阔发展空间，也承载着伟大时代使命。青年是国家的希望、民族的未来。这就要求我们高度重视年轻人灵魂的塑造，而思想理论教育是最重要的手段，也是大学前行的动力源泉。要坚持马克思主义的指导地位，这是中国大学思想教育的根本。要坚持用先进文化培养学风和校风，这是大学思想政治教育大环境塑造的必要条件。要坚持培育和践行社会主义核心价值观，这是为现代大学生精神食粮的最重要保障。

一、坚持马克思主义的指导地位

立德树人是高校的根本任务，高校思想政治工作的根本目标也在于培养德智体美全面发展的社会主义建设者和接班人。马克思主义是科学的世界观和方法论，只有坚持马克思主义的指导地位，才能坚持高校思想政治工作的社会主义性质和方向，为高校思想政治工作注入灵魂，从根本上解决"培养什么样的人、如何培养人以及为谁培养人"这个根本问题。

1. 马克思主义在高校思想政治教育体系中指导地位的确立

马克思主义是分析现代世界体系必不可少的思想资源，也是确保高校社会主义性质的客观保证。在高校保持社会主义性质的过程中，不可避免地会遇到经济社会发展过程中隐藏的矛盾的冲击。德里达在《评福山的〈历史的终结和最后的人〉》一文中分析道："人们怎么能够忽视今天在美国和欧共体这两个集团之间以及在欧共体内部所进行的经济大战呢？人们怎么能够对关贸协定以及它所代表的一切保护主义的综合策略每天都在引起的冲突忽略不计呢？更不用提与日本的经济大战、富国与其余国家之间发生的种种贸易纠纷、贫困化现象、'外债'的穷凶极恶、'生产过剩的瘟疫'和在文明社会里发生的'货币野蛮状态'等等之类了。"① 目前，高校的意识形态领域面临着新形势、新挑战。针对德里达的分析，高校思想政治教育更应该坚持马克思主义理论学习，用马克思主义一元化的指导思想，整合多样化的思想文化。马克思认为自己是一个分析者，一个科学的分析者。在阶级斗争、两极分化、意识形态和异化等几个问题的分析上，马克思主义是常在的。"要分析这些战争和这种种冲突，就必然要长期依靠来源于马克思主义传统的一种提问方式。"② 在面对现代世界体系问题时，在高校的思想政治教育过程中，马克思主义仍是必要的分析方式。而且，马克思主义还具有对现时代进行理论概括和批判现时代的资源。马克思主义具有巨大的批判力量，它的历史研究方法让高校思想政治教育人员和受教育人员能够看清社会建构的主体和社会过程的来龙去脉和相互矛盾的特征，并且能够针对这些矛盾问题提供最好的解决方法。亚当·沙夫在《马克思主义在今天的意义》一文中这样谈道："我之所以倾向于马克思主义，是因为它为我提供了比这些流派更好的世界图景，并且开辟了更广阔的活动可能性和活动范围。"③ 沙夫同时也承认马克思主义的精髓之处就在于作为社会科学方法论的历史唯物主义。"对社会科学来说，马克思主义更具有实用价值，它能

---

① 雅克·德里达：《评福山的〈历史的终结和最后的人〉》，李晖译，载《全球化时代的"马克思主义"》，中央编译出版社 1998 年版，第 144 页。

② 雅克·德里达：《评福山的〈历史的终结和最后的人〉》，李晖译，载《全球化时代的"马克思主义"》，中央编译出版社 1998 年版，第 144 页。

③ 亚当·沙夫：《马克思主义在今天的意义》，柴方国译，载《全球化时代的"马克思主义"》，中央编译出版社 1998 年版，第 58 页。

（比其他流派更好地）促进解决与我们这个时代的实践密切相关的热点问题。"①

2. 马克思主义在高校思想政治教育体系中的具体体现

马克思主义的指导地位，首先体现在马克思主义跟随着高校思想政治教育工作的发展而不断变化。马克思主义始终强调理论不能成为实体主义和教条主义，马克思主义本质上就要求理论与实践的统一。马克思主义自诞生之时起，就不断回应着质疑，并伴随着时代的进步而不断发展、成熟，这其中的原因就在于马克思主义者并不拘泥于一成不变的范式，而是随着时代的发展，正确认识时代本质，解决时代问题，拓展时代视野，把握时代方向，从而适应时代。这种自我定位是我们对待马克思主义的正确态度。正如马克思从来不把自己的理论当作真理，他总是在跟随着实践和历史的发展来批判自己所提出的结论。马克思在《共产党宣言》德文版序言中就批判到自己原来的写作有些已经过时了，比如"第二章末尾提出的那些革命措施根本没有特别的意义"，"对社会主义文献所作的批判在今天看来是不完全的"，"关于共产党人对待各种反对党派的态度的论述……就其实际运用来说今天毕竟已经过时。"②批判就是否定，自我批判就是自我否定。这种否定是针对以前或者不能适应实践和历史发展的理论的放弃、补充与修正。马克思的自我批判是实现理论创新的必要条件。理论与实践的统一，是对马克

①　亚当·沙夫：《马克思主义在今天的意义》，柴方国译，载《全球化时代的"马克思主义"》，中央编译出版社 1998 年版，第 63 页。

②　《马克思恩格斯选集》第 1 卷，人民出版社 1995 年版，第 248—249 页。

思主义思想体系理论发展的促进，也是指导并引领社会进步的根本前提。中国共产主义运动的先驱，伟大的马克思主义者，杰出的无产阶级革命家李大钊先生在学习西方资本主义国家的努力一再遭到失败，中国的先进分子陷入极度的彷徨和苦闷的时候从实际出发，创造性地运用马克思主义的理论，初步提出了马克思主义同中国实际相结合的思想，他主张知识分子应当走与劳动群众相结合的道路，为中国揭示了新的发展方向，中国人在精神上由此从被动转入主动，中国革命由此展现出崭新的面貌。李大钊一开始就是以科学的态度对待马克思主义的，他重视马克思主义基础理论的研究，为了力求全面地、更好地掌握马克思主义的理论体系及其实质与核心，他坚持马克思列宁主义的基本原则，明确地同第二国际的社会民主主义划清界限。他对于未来的社会主义社会也提出了许多精辟的见解，他说过，社会主义的理想，"因各地、各时之情形不同，务求其适合者行之，遂发生共性与特性相结合的一种新制度（共性是普遍者，特性是随时随地不同者），故中国将来发生之时（就是中国将来搞社会主义的时候），必与英、德、俄……有异"。这样，他就在中国共产主义的历史上，第一次论证了未来中国的社会主义，既有社会主义的一般特征，又有中国特性[1]，是马克思主义中国化的早期尝试，为中国指出了科学的发展方向。这种与实践紧密结合的理论创新使马克思主义思想体系历久弥新，充满了力量。也正是如此，邓小平在总结马克思主义发展的时候也提出："世界

---

[1] 整理自沙健孙在北京大学"铁肩担道义，妙手著文章——纪念李大钊同志英勇就义90周年"纪念活动上的讲话。

40

形势日新月异，特别是现代科学技术发展很快。现在的一年抵得上过去古老社会几十年、上百年甚至更长的时间。不以新的思想、观点去继承、发展马克思主义，不是真正的马克思主义者。"①

其次，基于上述原因，马克思主义对于高校思想政治工作的指导性还体现在其强大的精神动力上。马克思主义是当代最具有活力的思想体系之一，也被高校思想政治工作者检验出是正确的思想意识，在思想政治工作中起到了强大的精神推动作用。同时，不少在西方乃至在世界范围影响卓著的学者和思想家都与马克思主义有着千丝万缕的联系，有的还自称或被别人称为"马克思主义者"。从第一代西方马克思主义者卢卡奇、葛兰西、柯尔施，到盛极一时的法兰克福学派，再到当代公认的国际著名学者，如法国的德里达、德国的哈贝马斯、英国的吉登斯和美国的詹姆逊等，都对马克思主义持积极肯定的态度，或者至少是持理解的态度。海德格尔讲过："因为马克思在体会异化的时候深入到历史的本质性的一度中去了，所以马克思主义关于历史的观点比其余的历史学优越。但因为胡塞尔没有，据我看来萨特也没有在存在中认识到历史事物的本质性，所以现象学没有、存在主义也没有达到这样的一度中，在此一度中才有资格和马克思主义交谈。"② 德里克则写道："没有马克思主义理论和它所推动的历史实践，我的理论是不可能形成的。我对当代资本主义（和社会主义在其中的命运）的分析，受益于马克

① 《邓小平文选》第三卷，人民出版社 1993 年版，第 291、292 页。
② 海德格尔：《关于人道主义的书信》，载《海德格尔选集》上卷，孙周兴选编，上海三联书店 1996 年版，第 383 页。

思主义对资本主义的分析，就像我进行了直接利用的各种各样的世界体系理论也受益于它一样。甚至于我给自己的理论（各种范畴以及元理论前提）制定的种种先决条件，也都是与马克思主义有关的革命经验的产物。"①

正是这样一种与时俱进，并且又在不断批判中完善自身的马克思主义才是高校思想政治教育工作所需要的指导思想。在推动马克思主义中国化的过程中，高校思想政治教育发挥了重要作用，反之，在高校思想政治工作发展的过程中，也离不开马克思主义的指导。二者相互影响，相辅相成。而要巩固马克思主义在高校思想政治领域的指导地位，就要坚持把马克思主义的思想、方法贯彻运用到高校思想政治教育领域中，做到真正理解马克思主义并切实运用马克思主义；其次，要坚持马克思主义的中国话语体系构建，全面加强和发展马克思主义理论体系，并且从中发展出带有中国特色的马克思主义话语体系；最后，要坚持实事求是，把现实问题和理论研究结合在一起，运用马克思主义去解决现实问题。

3. 坚持和加强马克思主义指导地位的方式和方法

坚持马克思主义在高校思想政治教育中的指导地位，要从以下几个方面进行加强：首先是总体性方法，卢卡奇提出"不是经济动机在历史解释中的首要地位，而是总体的观点，使马克思主义同资产阶级科学有决定性的区别。总体范畴，整体对各个部分的全面的、决定性的统治地位，是马克思取自黑格尔并独创性地改造成为

---

① 参见阿里夫·德里克：《马克思主义向何处去?》，李发、王列译，载《全球化时代的"马克思主义"》，中央编译出版社 1998 年版，第 208—209 页。

一门全新科学的基础的方法的本质"。① 在《资本论》中，马克思把经济关系看作一个有机整体，生产、消费、分配、交换、再生产都是其中的一个环节，只有在对社会的统一整体有所了解的基础上，才能够真正了解社会关系的变化过程。所以，高校的思想政治教育工作要自觉运用总体性方法，从社会整体上去思考和研究。

其次在于实践层次上的辩证法，马克思在《关于费尔巴哈的提纲》中界定道："从前的一切唯物主义（包括费尔巴哈的唯物主义）的主要缺点是：对对象、现实、感性，只是从客体的或者直观的形式去理解，而不是把它们当做感性的人的活动，当做实践去理解，不是从主体方面去理解。因此，和唯物主义相反，唯心主义却把能动的方面抽象地发展了，当然，唯心主义是不知道现实的、感性的活动本身的。"② 而在《德意志意识形态》中，马克思则讲道："只有在现实的世界中并使用现实的手段才能实现真正的解放；没有蒸汽机和珍妮走锭精纺机就不能消灭奴隶制；没有改良的农业就不能消灭农奴制；当人们还不能使自己的吃喝住穿在质和量方面得到充分保证的时候，人们就根本不能获得解放。"③ 马克思通过实践辩证法将科学性分析和价值性判断结合在一起。这种方法将人看作现实的实践个体，并且从现实出发，把生产力、生产关系、经济基础和上层建筑之间的内在矛盾解释出来。思想政治教育

---

① 卢卡奇：《历史与阶级意识》，商务印书馆 1996 年版，第 76 页。
② 《马克思恩格斯选集》第 1 卷，人民出版社 1995 年版，第 499 页。
③ 《马克思恩格斯选集》第 1 卷，人民出版社 1995 年版，第 527 页。

工作需要从现实出发，需要把人看作实践的个体，从现实的社会结构出发，看到社会结构和社会阶层之间的矛盾。自觉运用实践辩证法也是高校思想政治教育工作所需要的。

二、坚持以先进文化培育优良校风和学风

当今时代，随着全球化的深入发展，文化思潮空前激荡，国家软实力竞争不断加剧。随着文化的地位和作用在全球范围内日益凸显，文化日益走入国家政策和发展战略的中心。国际上，文化领域的扩张和反扩张、渗透和反渗透的博弈成为国际政治经济竞争的焦点之一，对文化资源和话语权的争夺成为全球性资源配置的重要内容，越来越多的文化产品进入全球市场，各种文化力量之间的交融交锋空前激烈。

2013 年 11 月，习近平总书记在山东曲阜考察孔府和孔子研究院时说：一个国家、一个民族的强盛，总是以文化兴盛为支撑的，中华民族伟大复兴需要以中华文化发展繁荣为条件。因此，实施文化强国战略，建设中国特色社会主义先进文化，是凝聚和激励全国各族人民在全面建成小康社会的道路上奋勇前进、实现中华民族伟大复兴的强大精神力量。这一力量动员全国各族人民团结一致，心往一处想，劲往一处使，是实现国家的富强和进步、民族的团结和振兴、人民的尊严和幸福的关键所在，也是让中华民族以更加自信、更加自强的姿态屹立于世界民族之林的关键所在。

在世界文明发展史上，大学扮演着重要的角色。在中国文化现代化的历史进程中，中国的大学，特别是北京大学发挥了重要的先锋作用。20世纪30年代，新文化运动中各个领域的领袖曾一起编纂了著名的《中国新文学大系》，以纪念新文化运动中巨大的文学成就，其中小说由鲁迅、茅盾主编，散文由周作人、郁达夫主编，新诗由朱自清主编。而全部的"总序"，所有经历了新文化运动的著名学者都一致认为非蔡元培先生莫属。因为所有人都认为"没有蔡元培先生主持的北京大学，就不可能有新文化运动"，可见在那个充满理想、责任和危机感的年代里，北京大学是新文化运动的中心，是引领整个历史潮流的发源地，是思想、观念、价值碰撞与融合的交汇点。北京大学一时之间成为了文化、学术，乃至政治的中心，北大的教授，从蔡元培、李大钊、陈独秀，到鲁迅、周作人，不仅在当时成为时代领袖人物，而且一直深刻地影响着一代又一代中国杰出的知识分子，直至今日北大仍被国人视为心中的"精神圣地"。2014年5月4日，习近平总书记莅临北大视察指导工作并发表重要讲话。总书记在讲话中指出，大学是一个研究学问、探索真理的地方，并专门阐述了社会主义核心价值观的深刻内涵。社会主义核心价值观是中国特色社会主义先进文化的重要内容，这也对北大乃至全国高校在新时期做好先进文化建设工作提出了新要求、新任务、新使命。

人是文化最重要的载体。培养什么人、怎样培养人，始终是大学面临的重大时代课题。习近平总书记曾指出，青年是引风气之先的社会力量，一个民族的文明素养很大程度上体现在青年一代的道德水准和精神风貌上。对青年人精神和价值观念的改造与培养，自新文化运动时期开始就已成为大学育人、树人的重要内容。

在新文化运动兴起之初，蔡元培先生曾说道"中国这样大，积弊这样深，不在根本上从培养人才入手，是不可能的"。伴随着新文化运动的发展，被鲁迅先生称之为"真的知识阶级"的北大人，创造了以"科学的思想与方法""民主与个体精神自由相结合""重新估定价值的怀疑主义精神"与"兼容并包的宽容精神"等为核心的新世界观、新思维、新伦理、新方法，正是在这样的方法和观念的指导之下，北大以学术为核心，找到了一条育新人、树新风的道路。在救亡图存、振兴中华的历史洪流中，一代又一代有志青年"以青春之我，创建青春之家庭，青春之国家，青春之民族，青春之人类，青春之地球，青春之宇宙"，谱写了一曲曲感天动地的青春乐章。

时至今日，我们历经百年风雨，仍然面临着如何育人、如何树人的关键问题。2014 年 5 月 4 日，习近平总书记在北大视察期间说道，"青年是标志时代的最灵敏的晴雨表，时代的责任赋予青年，时代的光荣属于青年"①。当前，随着我国经济体制深刻变革、社会结构深刻变动、利益格局深刻调整，社会思想文化越来越多元多样多变，给大学生的健康成长带来了深刻影响。一方面，当代大学生精神世界的主流是积极向上的，他们接触新事物多、信息面广，思想活跃、兴趣广泛，主体意识、独立意识强。另一方面，受

———————

① 《习近平谈治国理政》，外文出版社 2014 年版，第 167 页。

社会环境变革的影响，一部分大学生缺乏社会磨砺，社会责任意识不强，对国家、对社会、对他人利益淡漠，缺乏一定的社会责任担当。

大学生作为当代青年的先进代表，是中华文化绵延发展的重要载体，是实现中华民族伟大复兴的生力军。他们文化素养的水平，不仅直接影响个人成长成才，也必将影响到社会和谐、国家强盛和中国梦的实现。我们要坚持用先进文化引导青年学生牢固树立中国梦的远大理想，坚定跟党走中国特色社会主义道路的信念，增强将个人梦想融入中国梦、勇于奋斗圆梦的信心。要不断激发青年大学生的爱党爱国之情和成才报国之志，全面增强培养筑梦英才的能力，努力培育出一批又一批优秀的筑梦先锋。

学校的校风是高等院校的指导思想和培养目标的集中反映，而学风则是高等院校培养学生德智体质量水平的综合体现。而高等院校作为培养社会高级专门人才的地方，它们的校风和学风都会对社会风气产生影响。在当今世界，任何国家的大学教育都是在特定生产关系下进行的，都不能离开一定的社会制度、不能不适应一定的社会需要而孤立存在。高校教育，作为我国社会主义文化建设的重要内容，必须符合中国特色社会主义事业的需要，也必然具有社会主义的中国特色①。我国正处于一个重大的转折时期，高等院校培养的人才需要去面对各种机遇和挑战，为中国特色社会主义事业的建设添砖加瓦。我国高等院校是社会主义性质的大学，因此

① 红旗文稿：《办好中国特色社会主义大学是高校建设的根本目标》，新华网，2015年2月9日。

需要在马克思主义的指导下形成良好的校风和学风才能正确把握办学方向，真正为培养国家需要的、社会所需要的高级专门人才。

要用先进的文化来推进校风学风建设，首先必须增强大学自身的文化底蕴。必须坚持以马克思主义科学理论为指导，以社会主义核心价值观为灵魂，以优秀传统文化为根基，高扬社会主义先进文化的旗帜。要坚持"越是民族的越是世界的"，继承和发扬中华民族几千年来绵延不绝的优秀文化、办学传统和中国高等教育的办学理念和办学经验，守正、固本、激浊扬清，坚决摒弃浮躁、功利等不良风气，不给任何歪风邪气立足之地，坚守立校之本、办学之魂。倍加珍惜和守护好广大师生员工的精神家园，弘扬高尚进取的大学精神，净化校园风气，务求气正风清，引领社会风尚。

三、坚持培育和践行社会主义核心价值观

党的十八大提出，倡导富强、民主、文明、和谐，倡导自由、平等、公正、法治，倡导爱国、敬业、诚信、友善，积极培育和践行社会主义核心价值观。社会主义核心价值观是几十年的社会主义建设中，我国在自身的社会主义发展的基础上逐渐形成的核心价值体系，是一种符合中国发展、符合中华民族长远利益的一种价值体系。社会主义核心价值观是社会主义核心价值体系的内核，体现社会主义核心价值体系的根本性质和基本特征，反映社会主义核心价

值体系的丰富内涵和实践要求，是社会主义核心价值体系的高度凝练和集中表达①。

1. 核心价值观教育的世界经验

对于核心价值观的培养是具有悠长历史并广泛存在的，各个时期的先进文化对大学的校风和学风施加了决定性的影响。所以我们在提到某个人是哈佛、耶鲁、斯坦福、牛津、剑桥、麻省理工或海德堡等世界顶尖大学毕业生的时候，才会不由自主地联想到他可能具备的专业素养和气质思想。

哈佛一任校长查尔斯·艾略特曾说过："如果大学教育误导了学生，吞下恶果的终将是整个国家。相反，如果大学能教会学生准确自如地表达思想，清晰地思考，严密地分析问题，富有道德感，对国家大事敏感而有见地，社会将受益无穷。"哈佛作为美国最知名的私立大学，1643 年时初定校训为拉丁语"真理"（Veritas），1650 年改为"荣耀归于基督"（In Christ），1692 年改为"为基督为教会"（Christo et Ecclesiae），后恢复为最初的"真理"（Veritas）。1642 年的《学院法例》写道："让每一位学生都认真考虑以认识神并耶稣基督为永生之源，作为他人生与学习的主要目标，因而以基督作为一切正统知识和学习的惟一基础。所有人既看见主赐下智慧，便当在隐秘处认真借着祷告寻求他的智慧。"在 17世纪，这是在当时先进文化的引领下对于大学教育目标的认识与理解。随着社会的变迁，先进文化发生了转向，对于大学功能和追求

① 中共中央办公厅印发：《关于培育和践行社会主义核心价值观的意见》，《人民日报》2013 年 12 月 24 日。

的认识发生了变化，校训的更改也成为这一变化的表征，作为"新时期"的核心价值观影响着每一个合格的哈佛人。同时，它所力推的"自由教育"也使"哈佛"这两个字具有了多元化的深刻含义。在课程的设置上，"在自由探究精神指导下的不预设目标，不与职业相挂钩的教育，是哈佛大学在近 400 年的历史中一直坚持的一个理想。"① 主修课程培养学生学会分析问题并合理解释解决问题的过程，明白真正的智力探究与探索的意义；选修课给学生自由按照兴趣探索主修课程外的知识，健全知识体系；通识课是学校提供的基础课程，学生必须选择几门作为必修课程——这也是哈佛的教育中对于核心价值观培养的关键因素，是对知识与教育最基本的哲学与态度。换言之，哈佛对于通识课程的设置在某种程度上与冯友兰先生所提出并解答的疑问虽东西相隔，却一脉相承：大学教育出来的人学些什么，掌握什么，又应当是什么样的？独特的价值印记通过学校的培养镌刻在毕业生身上，通过他在社会上的作用发挥着影响。

耶鲁的价值取向同样在它的师生身上打上了自己的烙印。这所由康涅狄格州公理会教友于 1701 年创立，1716 年迁至康涅狄格州纽黑文的世界著名私立研究型大学的校训"光明和真理"（Lux et Veritas）是高等教育机构的共同追求，此外耶鲁大学也具有自己的独特之处。在本科教育上，耶鲁倾注了极大的关注，每年有 65 个以上的系和项目为本科生提供超 2000 门课程，要求学生的学习既

---

① 蒲实、陈赛等：《大学的精神》，中信出版集团 2017 年版，第 34 页。

有深度又有广度：有深度，即学生要学习专业课；有广度，即学生要进行三个领域（人文艺术、自然科学、社会科学）和三种技能（写作、定量推理、外语）的学习。在学校管理上，耶鲁最重要的管理特色是"教授治校"，建校初期，经过 3 代校长的努力，耶鲁逐渐形成了董事会不具体参与校务管理、而由教授会治校的法规。在当时的美国流传着这样一句话："普林斯顿董事掌权、哈佛校长当家、耶鲁教授做主"，这一特色及其所坚持的独立精神对美国高等教育界产生了巨大影响。高质量的学习、科研和生活使耶鲁人形成了这一身份群体的独特风格，即"耶鲁性"。1982 年，耶鲁毕业的学者托马斯·贝尔金（Thomas Bergin）对"耶鲁性"的思考或许可以说明："在耶鲁，教师与学生永远都在高速运转，忙碌、充满竞争和狂热。这让我开始思考'耶鲁性'的精髓。在我看来，耶鲁的不同就在于，那种古老的、清教主义的服务使命感、竞争然后获得嘉奖的精神，依旧徘徊在纽黑文。"作为非耶鲁人，对于耶鲁性也会形成直观的认识。"精英主义""自由教育""领袖的摇篮"，是耶鲁核心价值观的作用结果，却不是构成耶鲁核心价值观的关键所在。通过秘密社团和俱乐部，代代相传的耶鲁系谱，庞大而坚实的校友会，还有学校建设发展与治理管理的"耶鲁"理念，耶鲁形成了独有的共同体，享有自己的核心价值观。

斯坦福大学也具有其独特的核心价值观，在这种核心价值观的引领下，它从创建之初的一所地区性私立大学发展壮大至现在的崇高地位，甚至具备了影响世界的野心和能力。斯坦福的核心价值观可以溯源至老斯坦福在 1885 年写下的校训："为培养学生的个人成功和人生的直接有用性，为人类与文明促进公共福利，教授法律规制下的自由，灌输爱以及对于追求生命、自由与幸福不可剥夺的权利的尊重。"这种兼具实用主义和理想主义的独特气质与美国西海岸的冒险与乐观基因得到了完美的融合，使斯坦福这所大学和毕业于这所大学的人都受到创业精神的深刻影响。于 2000 年接任斯坦福校长一职的约翰·亨尼西在一次给学生的讲座中，直言创业精神是斯坦福大学最根本的精神气质。如果大学的知识只是停留在大学的围墙之内，而不能取得更广泛的社会影响力，就会阻碍研究者创新的动力。而大学知识的外化，就具备了影响世界的能力。斯坦福的公共关系部门曾宣称，有 5000 家公司的起源可以追溯到斯坦福的创意、教职工或学生。斯坦福和硅谷，是个人力量的集中体现，是以最小资源获取最大影响力的优化与外延。"创新、创造力、创业精神"，是推动斯坦福大学的学生孜孜不倦学习的原动力，也是促进大学及其教职工不断在所研究领域开拓进取的根本所在。这种价值观在经世致用的同时，也体现在斯坦福大学的物质空间上："斯坦福开放式的校园是向外的，它对于科技、工程的崇尚及对传统束缚的拒绝，都反映了典型的美国价值观。"① 而美国东岸大学所具有的特质也和它们源自英国大学的"封闭的、自成一格"（爱德华·费斯克）的形象相一致——精神在物质上的外化，是这些顶尖大学所秉承的核心价值观的作用方式之一。

_____

① 蒲实、陈赛等：《大学的精神》，中信出版集团 2017 年版，第 130 页。

　　牛津大学的物质外观与其独有的绅士气质也是同样相辅相成的关系，它们共同组成了这所古老大学所秉承的核心价值观及其作用形式。牛津大学与城市融为一体，街道就从校园穿过。大学不仅没有校门和围墙，而且连正式招牌也没有。然而"有僧寺式的学院，中世纪的礼堂，古朽的颓垣，弯曲的街道"（林语堂《谈牛津》），建筑厚重的沧桑感、校园景致的精致而内敛无一不在叙述它的历史与传承。物质表象使置身其中的人形成了对牛津的直观感受，并辅助着精神内涵使其作为大学——一个独立主体而发挥作用。

　　牛津大学共有 38 个学院，它们和学校的关系就像美国中央政府与地方政府的关系那样采用联邦制形式。《爱丽丝漫游奇境》的作者刘易斯·卡罗尔也曾于牛津任教，他对牛津有着与其他大学不同的解读，"学生的身份首先是学院，然后才是大学。他们变化最大、最戏剧性的青春期大多在学院度过，所以他们对学院更加忠诚"。在总的牛津精神之下，每个学院都有其特质，价值观的多元与核心价值观互相作用，为牛津人挂上隐形的标签。基督教堂学院院长克里斯托弗·路易斯认为，"他们（牛津人）所生活的环境，每天所接触的人，所用的食堂、图书馆，还有所居住的建筑和场所，潜移默化地熏陶着这种精英和贵族意识。他们来到这里，会立即意识到自己的与众不同，当父母或朋友来这里拜访他们的时候，这种意识会更加强烈，在这种氛围里，他们自然而然地会形成精英主义的自我意识。"英国作家简·莫里斯这样描述牛津，"令牛津区别于其他大学的一切最非凡之处，源自它已然失落的英国秩序——本质上是一个贵族社会，坚定、宽容，充满业余爱好，足够自信到可以在一个僵硬的框架下拥抱一种无穷无尽的多样化。英国绅士主宰着牛津，不是以肉体形式（因为他几乎已经从舞台上消失），而是作为徘徊不去的此地精神。"牛津形成的这种精神使人不趋于流俗而是渴求真正的思考，追寻对信息的鉴别力和欣赏力。也正是这种精神主导着牛津的核心价值观，使其形成与其他大学所不同的独特性格。林语堂对此倍加推崇："因为他不迎合潮流，所以五百年间，相沿而下，仍旧能保全他的个性，在极不合理之状态中，仍然不失其为一国最高的学府，一个思想之中心。"

学　校	课程名称
香港大学	Moral Controversies in Contemporary Society
	Spirituality, Religion and Social Change
	Social Divisions in Contemporary Societies
	Governance and Democracy in the Age of Globalization
	Ideas and Images of the West in Late Imperial China
	Hong Kong's Environment: Issues and Policies
	Modernizing China's Constitution: Failures and Hope
	Chinese Social Values: Authority and Anarchy
哈佛大学	The Ethics of Atheism: Marx, Nietzsche, Freud
	The Moral Compass
	Global Distributive Justice
	The Politics and Ethics of Statecraft
	Foundations of Political Theory
哥伦比亚大学	Contemporary Civilization
	Art Humanities

续表

学　校	课程名称
斯坦福大学	Justice and the Constitution
	Is the Universe Just? Explorations in the Classics
	Evil
	Inventing Government：Ancient and Modern
	The Spirit of Democracy
	Ethical Reasoning
普林斯顿大学	The Idea and the Reality of Justice
	Conceptions of Evil
	Introduction to Moral Philosophy
	Civil Liberties
	Modern Political Theory
	Communist Modernity：Politics/Culture

核心价值观在世界高校中发挥着不可或缺的重要作用，通过大学的教化使师生逐渐学习和培养了独具特色的品德气质，更新了其思想意识与信念。世界一流大学不但在校风、文化方面注重核心价值观的培养，也设立了若干与国家观念、社会价值和学校理念相关的课程（见上表）。大学在注重科学研究与知识教育的同时，更应当注重对于师生员工核心价值观的培育，坚持以先进文化培育优良校风和学风，不断提高学生思想水平、政治觉悟、道德品质、文化素养，让学生成为德才兼备、全面发展的人才。在中国的教育环境下，这就是高校思想政治工作的根本任务和艰巨挑战。

2. 社会主义核心价值观的育人功能

社会主义核心价值体系是党和国家领导人对马克思主义的坚持

和创新，是以马克思主义为指导且吸收了中国优秀传统文化的最新理论成果。它是在马克思主义的方法论下诞生的，同时，又着眼于中国发展，符合中华民族长远利益。它正是马克思主义和先进文化的结合，也正是这样，它对于当代中国主流意识形态有着重要的指导和引领作用。

大学德育的教化作用集中体现在核心价值观的培养上，它不断更新高校中师生员工的意识和信念。价值一词来自于拉丁语valere，意为"是好的"。马克思主张，价值是从人们对待满足他们需要的外界物的关系中产生的①。在此基础上产生了关于价值的基本观念，即价值观，并分为一般价值观与核心价值观。核心价值观，顾名思义，就是在该社会各种价值观中居于核心地位、起支配或主导作用的价值观。大学是社会的集中缩影，是各种价值观碰撞并相互影响的作用场。

在多样化的价值观念中，大学并不是通过洗脑式的教育逼迫学生成为一个"模式化"的人，而是尊重其个性，通过春风化雨般的教育使学生独立形成其价值意识。从某种意义上来说，大学教育的成败可由此一观："由哪一个大学毕业的学生，在他的脸上就印上了一个商标、一个徽章，一看就知道他是哪一个学校的毕业生，这样的学生才是一个真正的大学生"，也就是说，大学作为教育院所，和它所培养出来的"人"形成了相互作用，共同创造并维系了其独有的核心价值观。

---

① 《马克思恩格斯全集》第19卷，人民出版社1963年版，第406页。

羊群在一起行走的时候，都有一只羊永远在前头。放牧时，只要带领好这只羊，羊群就不会走失，这只羊就叫领头羊。在当代中国社会的发展进程中，青年人群体因其蓬勃旺盛的生命活力、活跃丰富的思想意识和勇于实践的创新创造，走在了带领社会进步的最前列——如何带好这只"领头羊"，对于实现中国梦、实现中华民族的伟大复兴几乎可以说是具有决定性的意义。青年阶段是价值观形成并稳固的阶段，是可塑性最强的时期。抓好了青年人的思想道德教育，是计深远、谋未来的关键所在。2014 年 5 月 4 日，习近平总书记在北京大学师生座谈会上发表重要讲话，强调"青年要自觉践行社会主义核心价值观"，为青年人的自我修养和社会贡献指明了发展方向。在青年人的群体中，大学生是最有思想、最有文化的群体，他们能否心系国家、关心社会、自觉提升个人素质特别是能否树立正确的价值观，对于领头羊素质的形成至关重要。高等教育是优秀文化传承的重要载体和思想文化创新的重要源泉，以大学为代表的高等教育院所义不容辞地承担起了对大学生这一特殊群体的教化任务，"坚持育人为本、德育为先，围绕立德树人的根本任务，把社会主义核心价值观纳入国民教育总体规划"是高校教书育人工作的基本纲领。

习近平总书记对青年人提出了以下要求，"一是要勤学，下得苦功夫，求得真学问。""二是要修德，加强道德修养，注重道德实践。""三是要明辨，善于明辨是非，善于决断选择。""四是要笃实，扎扎实实干事，踏踏实实做人。"① 高校需要做的是为青年

---

① 《习近平谈治国理政》，外文出版社 2014 年版，第 172—173 页。

大学生提供这样的环境与机会，但更重要的是要为思想价值观念尚未定型的青年大学生提供正确的方向与指引——核心价值观是一个民族赖以维系的精神纽带，是一个国家共同的思想道德基础，这也是高校思想政治工作的根本任务所在。在日益更新的时代背景下，高校作为社会发展的先进力量，需要秉承着改革创新精神推动高校教育教学工作的进行。其中，思想政治工作从根本上说是做"人"的工作，在工作方式方法上具有其特殊性。这也就要求高校要以高尚的文化塑造人，以优秀的作品感染人、鼓舞人、凝聚人，更要以正确的核心价值教育人、引导人、塑造人。在社会主义核心价值观的教育上，必须用社会主义核心价值观武装教职员工头脑，围绕学生、关照学生、服务学生，通过努力使社会主义核心价值观成为高校师生的共同价值追求，成为大家日用而不觉的行为准则，内化为精神追求、外化为自觉行动，才能使高校教化育人的作用得到充分发挥，将"立德树人"的根本任务落到实处。

第三章　春风化雨：发挥哲学 社会科学育人功能

习近平总书记在哲学社会科学工作座谈会上指出："高校哲学社会科学有重要的育人功能，要面向全体学生，帮助学生形成正确的世界观、人生观、价值观，提高道德修养和精神境界，养成科学思维习惯，促进身心和人格健康发展。"① 在全国高校思想政治工作会议上，习近平总书记进一步要求，要加快构建中国特色哲学社会科学学科体系和教材体系，推出更多高水平教材，创新学术话语体系，建立科学权威、公开透明的哲学社会科学成果评价体系，努力构建全方位、全领域、全要素的哲学社会科学体系。总书记的重要论述，充分说明了哲学社会科学在育人方面的重要意义，为进一步做好高校思想政治工作指明了方向，提出了新的要求。深入探索高校哲学社会科学的思想政治教育功能及其规律，切实发挥好高校哲学社会科学的育人作用，是一个具有重要理论价值和实践意义的课题。

---

① 《习近平谈治国理政》第二卷，外文出版社 2017 年版，第 345 页。

一、源头活水：哲学社会科学 具有系统的育人功能

　　培养人才是大学最重要的中心工作，学生的健康成长成才是我们一切工作的出发点和落脚点。那么，我们究竟要培养什么样的人才？只有明确了育人的目标，前行的道路才有方向。马克思、恩格斯多次指出：共产主义社会是"以每个人的全面而自由的发展为基本原则的社会形式"①。习近平总书记强调，我国高等教育肩负着培养德智体美全面发展的社会主义建设者和接班人的重大任务，明确了"德智体美全面发展"的人才培养要求。北京大学在2014年制定的综合改革方案中提出，要培养以天下为己任，具有健康体魄与健全人格、独立思考与创新精神、实践能力与全球视野的卓越人才，培养走在时代前列的奋进者、开拓者、奉献者。在改革实践中，北京大学进一步明确了育人改革的方向，要着重培养学生探索未知和不断学习的能力，基本沟通和协作能力，艺术修养与人文精神，跨文化理解的能力；并充分发挥其天性和内在潜力，真正培养出懂自己、懂社会、懂中国、懂世界的优秀人才。可以说，自马克思主义先哲提出"人的全面自由发展"以来，通过我们党的深刻提炼和育人机构在实践中的总结探索，马克思主义最高价值观在新

―――――――――――

① 马克思：《资本论》第1卷，人民出版社1975年版，第649页。

时代不断得到与时俱进的诠释和表达。

"问渠哪得清如许，为有源头活水来。"在人类文明的长河中，"人的全面自由发展"是最闪耀的潮头浪花，要使其久久持续、层层推进，就需要源源不断的源流力量。其中，哲学社会科学就是让这潮头奔腾不息的重要本源动力。哲学社会科学是关于人类社会发展规律的理论体系，涵盖了人文学科和社会科学两大领域。人类社会是人的主观世界与外在于人的客观世界的有机统一。其中，人文学科常用意义分析和解释学方法探索人的主观世界及其积淀的精神文化，对塑造大学生的世界观、人生观、价值观具有重要作用，其涵盖的学科包括文、史、哲及其衍生出来的美学、宗教学、伦理学、文化学、艺术学等；社会科学则侧重于运用实证方法来分析客观的人类社会的运行规律，通过对社会发展变革脉络的因果分析，使大学生对社会现象不仅知其然更知其所以然，能够有力塑造大学生的社会历史观特别是政治观，其涵盖的学科主要有政治学、经济学、法学、社会学、教育学等。由此可见，哲学社会科学在研究主观世界和客观世界的过程中，不仅能够使大学生深刻地叩问自身内心，在思考与自省中从灵魂深处端正自身的价值观和行为取向，也能在透视因果关系的过程中，看清发展大势，把握历史规律，从而坚定理想信念，沿着正确的道路成长成才。所以说，哲学社会科学是培养社会主义事业合格建设者和可靠接班人不可或缺的重要阵地。

具体而言，可以从以下三个方面来理解高校哲学社会科学的育人功能。

第一，哲学社会科学有助于完善育人的知识体系。

一个能够"全面自由发展"的人，一定是具有深邃思想、丰富情感、端正观念的人，是能够运用自身思考发挥主观能动性的人。特定的思想、观念、情感不会凭空产生，而是要以一定的知识为基础。知识作为人们对主客观世界探索的产物，自其形成后就为人们新的探索提供了重要客观基础，正如牛顿所言，"如果我看得更远一点的话，是因为我站在巨人的肩膀上。"没有知识做基础、做载体的育人是很难达到预期目的的，如果说思想是人类文明的智慧火炬，那么知识就是必不可少的薪柴。各门具体的哲学社会科学从不同角度对人类社会不同领域问题进行研究，通过传授前贤积淀的系统性知识，可以为学生理解人的精神世界，思考人性、感悟人生，以科学的方法观察社会现象，掌握社会发展规律，提供坚实的知识基础，有助于学生传承已知、发展新知、拓荒未知。

更为重要的是，哲学社会科学知识的传授，有利于纠正"科学主义"盛行导致的学生知识结构的畸形。钱学森先生曾说："应该让学科学的学点艺术，一个有科学创新能力的人，应该有艺术素养。"如果一个科学家的眼界仅仅局限于一隅，缺乏艺术性的想象空间，即使专业知识掌握得再好，也无非是"工具"罢了，很难成为"大家"。不难看出，就培养"全面发展的人"所起的作用来看，哲学社会科学与自然科学是"车之两轮""鸟之两翼"，具有同等重要的地位。尤其是近年来，随着"大科学"概念的提出并逐渐为社会所接受，自然科学与哲学社会科学出现了一种互相渗透、互相补充的倾向。把一所"好大学"办成"一流大学"是人文精神和科学精神相得益彰、互相融合发展的过程。学校办得好不好，除了一些具有可比的量化指标，还有这所大学的人文精神和独特的校园文化，真正一流大学培养的学生都带有这所大学的印记。我们要培养合格的建设者和接班人，无论他们今后成为什么样的专门人才和领袖人物，都要把学生的"心智"和人文精神的成长放在首位。在这些方面，哲学社会科学发挥着不可替代的作用。

第二，哲学社会科学有助于提高学生的思维能力。

恩格斯说过："一个民族要想登上科学的高峰，究竟是不能离开理论思维的。"[①] 研究方法、观察角度和思维方式，是影响人们观察世界、思考问题并进而正确处理自身与外在世界关系的关键因素，是世界观、方法论的具体内容。只有掌握了一定思维方式，能够独立思考并发挥主观能动性的人，才是一个健全的、能够实现自由发展的人。因此，科学思维模式的培养是育人工作中必不可少的内容。在探索主客观世界的过程中，哲学社会科学不仅留下了丰厚的知识财富，各个学科也形成了自身独特的分析问题、透视规律、审视世界的思维模式，能够为学生认识并改造世界提供有力有效的方法论。

例如，文学能够形象化地表现作者的心灵世界，让读者通过文字媒介与作者实现主观精神层面的交流互动，让作者自身对人生、对世界的思考与认知得到广泛传播；历史学通过对人类文明的发展源流脉络进行考证，以史为鉴知兴替，能够培养学生宽广的历史视野、动态分析的思维方式；哲学通过追问"我是谁、我从哪里来、

---

① 《马克思恩格斯选集》第 4 卷，人民出版社 1995 年版，第 285 页。

要到哪里去"等问题，锻炼学生对社会现象的本质进行穷根究本的追问、对人类社会的终极价值进行鞭辟入里的关怀；政治学通过对权力、利益等核心问题的分析，引导学生不断思考如何对价值进行权威性分配，从而构建和谐发展的人类共同体；经济学通过研究人类经济活动的规律即价值的创造、转化、实现的规律，引导学生思考如何对稀缺资源进行有效配置；法学通过对权利与义务关系的分析研究，培育学生的规矩意识、规则观念，为其成为遵纪守法的合格公民打下基础；社会学在培养学生对各种社会问题进行调查研究的过程中，引导学生对社会现象作出实证解释和验证。人类社会及其所处的世界是一个极端复杂的多元系统，只有从不同角度进行观察和分析，才能避免管中窥豹、盲人摸象。哲学社会科学的各个学科，是人类在长期探索世界的过程中所积淀的认知精华，对丰富、完善学生的精神世界、价值观念、思维方式具有重要意义。

第三，哲学社会科学具有鲜明的价值导向功能。

大学阶段是世界观、人生观和价值观逐渐走向成熟的时期，同时也是世界观、人生观和价值观教育的关键时期。育人工作也需要思考和解决"培养什么样的人""如何培养人"以及"为谁培养人"的问题。在当代中国，大学的育人工作必须同国家发展的现实目标和未来方向紧密联系在一起，为人民服务，为中国共产党治国理政服务，为巩固和发展中国特色社会主义制度服务，为改革开放和社会主义现代化建设服务。如何紧密结合这"四个服务"，培育具有正确坚定价值观的人才，是育人工作首先要明确的问题。哲学社会科学相关学科具有鲜明的意识形态属性，无论是教学、还是研究，都不是单纯知识、方法的传授和训练，而应当有鲜明的价值立场、正确的价值判断。正如德国现代存在主义哲学主要代表人雅斯贝尔斯所言，教育"是人对人的主体间灵肉交流活动"，"教育的原则，是通过现存世界的全部文化导向人的灵魂觉醒之本源和根基，而不是导向由原初派生出来的东西和平庸的知识"①。因此，要有意识地挖掘高校哲学社会科学的意识形态教育资源，在育人工作中发挥其价值观教育功能。

当前，高校的建设发展正处在我国全面深化改革的新形势，位于我国经济社会深入转型的新时期，面临我国高等教育日益与国际接轨、参与国际高等教育激烈竞争的新挑战。在这种背景下，社会思想观念日趋活跃，高等教育理念百舸争流，主流与非主流并存，先进与落后交织。这必然带来推动高等教育发展的思潮纷然杂陈、相互碰撞，如果没有正确价值观的指引，高等教育的改革创新和育人工作就会迷失方向。在高校中，除各门思想政治理论课具有正确价值观教育的功能外，其他哲学社会科学也不同程度地具有一定的价值观教育功能。比如，政治学、经济学、法学类课程具有社会主义政治理想教育功能；中国历史、世界历史具有爱国主义教育功能；伦理学、历史学、艺术史、文学等课程也具备一定道德观教育功能；科技史、科学方法论具有科学观教育功能；各种艺术类课程则具有审美观教育功能，等等。高校哲学社会科学通过回答人生的价值、目的是什么，应该成为什么样的人，怎样度过自己的一生等

———————————

① 雅斯贝尔斯：《什么是教育》，邹进译，三联书店1991年版，第3页。

问题，能够指导大学生正确认识人生，形成端正的人生态度，在事实认识的基础上，联系自身的目的、需要判断事物是否有价值、有多大的价值，在正确的价值观引领下迈好人生的实践之路。

二、他山之石：哲学社会科学育人的国际经验

思想政治教育是我们党的优良传统和政治优势，是我国大学立德树人工作的关键环节，也是鲜活的国际经验，具有悠久的历史传承和坚实的实践基础。从国际经验看，在东西方文明视域中，都有将思想政治教育蕴含于大学的哲学社会科学教育之中，进行全过程、全方位育人。这有利于学生在学习过程中掌握必备的知识和方法论，并潜移默化地将特定的世界观、人生观、价值观入耳、入脑、入心。

在美国，大学主要通过通识教育（General Education）核心课程进行潜移默化的引导。美国道德教育协会前主席托马斯·克里纳曾指出："学术课程在价值观培养方面的作用是一个沉睡中的巨人，如果我们不能把这种课程利用为培养价值观和伦理意识的手段，我们就正在浪费一个大好的时机。"[①] 芝加哥大学于 1948 年在本科通识教育核心课程中开设了《西方文明史》课程。学生们必

---

① 艾政文：《美国学校核心价值观教育的方法、途径及启示》，《教学与管理》2010 年第 16 期。

须通过阅读三卷本的教科书和九卷本的原始材料，积极主动地参与
课堂讨论以及高质量完成论文，否则无法通过难度很高的考试。经
过大量的阅读、热烈的讨论，以及在论文写作中的反复思考，当学
生完成这门课程的学习后，便能够系统地了解西方文明的来龙去
脉，以及贯穿其中的价值观。通过对历史脉络的梳理，学生不仅知
晓这些价值观是什么，而且能够理解它们产生的源流，深入分析西
方文明的发展在过去、现在产生了什么影响，并不断思考西方文明
的发展趋向以及对人类社会可能产生怎样的影响，让学生能够在一
定价值观的引导中知历史、晓当下、思未来。这种引导学生在了解
知识的基础上，在特定价值观的引领下运用思维方法进行独立思
考、分析问题的教育理念，贯穿于美国大学的教育中。在同年开设
的核心课程《美国政策的形成》中，芝加哥大学本科学院院长 F.
钱皮恩·沃德就指出，"在这些在一起'学习'和'思考'的讨论
过程中，最后学生们不仅要'知道'那些他必须知道的事实，同
时，他还要学会自己去分析问题和形成自己的判断。课程要引导学
生去相信或是怀疑。教师不仅要让学生懂得美国政策的过去，而且
要让他们形成公开讨论的习惯，形成独立的判断，能够领导美国未
来的政策。"自 20 世纪 50 年代中期开始，在许多社科学者的努力
下，芝加哥大学还创建了（西方文明之外的）"文明课程"体系
（civilization course）——最初包括印度，中国和伊斯兰文明课程。①

---

① 　安德鲁·阿伯特：《芝加哥大学的社会科学何以长盛不衰？——在北京大学的演讲》，
http：//www.thepaper.cn/newsDetail_ forward_ 1531943，最后访问日期：2017 年 8 月
16 日。

这些核心课在很大程度上让那些永恒的人类文明的核心问题不断地在芝大社科学者的思考中出现，并通过他们的思考向学生传递人类文明的火把。可见，美国大学不仅重视"授业"，也注重"传道"和"解惑"，不仅重视西方文明，也重视向学生讲授全人类的优秀文明，并引导学生思考事实是怎样形成的、它的原理是什么、前人有什么研究、你自己的独立判断是什么等一系列问题。在此过程中，致力于培养学生的独立人格和自由思想，实现"读书"和"做人"的有机统一。

英国教育学者杰弗里斯（M.V.C.Jeffreys）教授指出，"纵观英国历史，品德比知识重要，信仰比信息重要。"① 这种注重培养"人"的教育理念，在英国具有悠久的传承。例如，约翰·穆勒（John Mill）就非常重视人的个性培养，他认为，"个性与发展乃是同一回事，只有个性得到扶持培育，才能造就先进的人类。"② 教育在人的个性培养中发挥着重要作用，为了培养出具有发展潜力的人才，穆勒主张教育的课程范围应尽可能宽广，课程内容应尽可能丰富。例如，涉及人类智力、道德、美学经验、数学、逻辑学等各个领域，由此可见，哲学社会科学学科是其中的重要组成。英国古典教育思想的代表人物利文斯通（Richard Winn Livingstone）则认为，人文学科"是一门研究人的科学"③，与自然学科的地位是同

---

① M.J.Taylor, M.Downey & A.V.Kelly, *Moral Education*: *Theory and Practice*, London: Harper and Row Publishers, 1979, p.41.

② 穆勒：《论自由》，孟凡礼译，广西师范大学出版社2001年版，第74—75页。

③ R.W.利文斯通：《保卫古典教育》，邵威、徐枫译，安徽教育出版社1991年版，第23页。

等的，两者最终目的都是为了培养学生。因此他主张大学教育应该反对过分地专门化，主张开展通识教育，二者并重的教育模式可以最大限度发挥学生潜力，培养学生的综合能力。这种重视哲学社会科学育人的理念，在教育实践中得到了有力践行。例如，19 世纪中期，虽然理科教育在牛津大学中的地位越来越重要，但牛津大学仍然十分重视拉丁语、希腊语古典语言课程，希望通过古典语言学科的学习，通过经典文学名著的熏陶，塑造学生独特的审美观和高尚的道德观。在英国今天的大学课程设置中，仍然十分注重哲学社会科学的育人作用，通过设置大量的联合专业（例如，牛津大学的物理学与哲学专业、曼彻斯特大学的发展研究专业等）以及具有特色的联合课程，培养学生从跨学科、多角度思考问题，有利于培养"宽口径""厚基础"和富有创造性的人[1]。

在德国，大学的思想政治教育主要是通过政治学、伦理学、社会学等课程来开展的。对此，德国教育制度委员会在 1955 年的《关于政治教育和社会化的报告》中明确提出："每一门学科……在不放弃本身特点的情况下，都能对政治教育作出自己较高水平的贡献。如果明确了一门学科对于国家和社会的意义，我们就能在社会和政治生活结构中加以传授。在这里面，社会学科尤为重要，如社会学、社团学、故土学、公民学等，它们都属于政治教育课程的形式。"[2] 政治学、法学、社会学和经济学不仅是哲学社会科学专

---

[1]　杨春梅：《英国大学专业教育和通识教育融合的实践及其启示》，《教育探索》2011年第 2 期。

[2]　摩里斯·贾诺维茨：《军人的政治教育》，解放军出版社 1987 年版，第 192 页。

业大学生的必修科目，也是理工类大学生的必修科目。德国大学要求在这些课程的教学中都尽可能引导学生回答三个问题：这个领域的历史和传统是什么？它所涉及的社会和经济问题是什么？要面对哪些伦理和道德问题？① 在激发学生思考和探索的过程中，让学生能够从历史的脉络中找准当下的定位，从分析社会问题入手不断审视自身在社会中的角色，由此开展隐性的思想政治教育。

日本高校除了通过专门的思想政治教育来实施思想政治教育建设之外，还通过专业课程教育来完善思想政治教育体系。文部省在《关于新时代教养教育的方针》中指出，"新的教养教育的建构，必须给予对应随着全球化和科学技术的发展带来的社会的激烈变化而需要的综合知识。各个大学不是按照理科、文科、人文科学、社会科学、自然科学等传统的学科划分进行知识传播型的教育，专业教育也不是单纯的入门教育。超越专业的划分获得共通的知识和思维方式等的知识技法和对作为人的生存方式的深刻洞察，以及对现实的正确的理解力的涵养，是新时代教养教育制度设计所极力追求的。"因此，要求日本各高校通过专业教育、各学科教育来灌输教养教育课程的内容和目标，也是日本大学思想政治教育建设的途径之一。例如，名古屋大学就开设了《日本资本主义的发展》《日本的政治结构》《东洋的社会和历史》《西洋的社会和历史》《日本和世界的宪法》《现代社会与法》《民主主义的概念与现实》《国际化与经济活动》《信息与社会》《环境和人》等等哲学社会科学

---

① 汪宗田、傅安洲：《德国高校思想道德教育述评》，《思想理论教育》2007 年第 1 期。

课程。

　　韩国在发挥哲学社会科学的思想政治教育功能方面也进行了积极探索。政治、人文、道德、伦理等课程是韩国大学思想政治教育的主要载体。随着西方伦理观念的传播及道德观念的冲突，韩国试图走出一条融合东西方道德的道路。1995 年 5 月 31 日，韩国政府制定并发布了《确立主导世界化、信息化时代的新教育体制教育改革方案》，为韩国高等教育应对全球化、信息化指明了新道路，提出了新要求。虽然 20 世纪 80 年代，韩国高等教育曾出现重文轻理的倾向，致使理工科人才不足，迫使政府开始推行重用理工科人才政策，但政府并没有因此削减文科、弱化大学的思想政治教育，而是更加重视思想政治教育如何更好地融入哲学社会科学课程，同时在公民素质教育过程中强化思想政治教育的功能。[①]

三、知止而行：哲学社会科学育人的现状

（一）哲学社会科学育人要处理好三个关系

　　列宁指出："统一物之分为两个部分以及对它的矛盾着的部分的认识，是辩证法的实质。"[②] 这启示我们需要用历史唯物主义的批判精神来分析事物，走出"所谓坏就是绝对的坏，一切皆坏；

① 张永平：《高校哲学社会科学思想政治教育功能研究》，陕西师范大学硕士学位论文，2012 年。

② 《列宁选集》第 2 卷，人民出版社 1995 年版，第 556 页。

所谓好就是绝对的好，一切皆好"的片面看问题的误区。对于高校哲学社会科学而言，我们在充分肯定其"能"有效育人的同时，也要辩证思考在什么制约条件下其"不能"发挥应有的作用。只有明确了面临的挑战和困难，才能针对性地逐个攻关，为哲学社会科学的育人之路铺设坦途，使其发出更加璀璨的育人之光。

具体来说，哲学社会科学要充分发挥其育人功能，就要处理好以下三方面关系：

第一，哲学社会科学的"隐性"育人功能与教育者主观挖掘的关系。

如前文所述，哲学社会科学在育人方面具有较强的优势，但这些功能往往不是显性的，而是"隐性"的。即哲学社会科学所蕴含的育人资源，如同各式各样的矿藏，这些"原材料"若不经过"深加工"，则其使用价值将大打折扣；只有历经匠人的淬炼和锻造，矿物才能得到提纯，才能对人类社会的发展有更大的价值。哲学社会科学各学科中所蕴含的育人宝藏，也只有经过教育者有目的、有意识的充分发掘才能够彰显其光芒。因此，教育者不仅要进行哲学社会科学知识和理论的讲授，更要从育人和思想政治教育的高度来审视自身学科。由于各个从事哲学社会科学研究和教学工作教师的政治觉悟、认识水平、工作能力的差异，就可能导致一些宝贵的育人财富"沉睡"，使哲学社会科学与育人工作难以形成有机联系。

第二，教育者能否正确处理意识形态性和学术性的关系。

马克思在《德意志意识形态》中指出："统治阶级的思想在每

一时代都是占统治地位的思想。这就是说，一个阶级是社会上占统治地位的物质力量，同时也是社会上占统治地位的精神力量。"①在阶级社会里，任何真正的意识形态都是与它所处时代的统治阶级的生存发展相联系的。在无产阶级专政的社会主义新中国，马克思主义在意识形态领域具有主导地位，也是发展哲学社会科学的指导思想。当前，某些缺乏正确思想指导和科学方法论的哲学社会科学，往往打着"科学的""学术的"旗号，实际上背离了马克思主义的立场和方法，这不仅不能起到思想政治教育的目的，反而还会削弱思想政治教育的效能。同时，违背哲学社会科学具体学科发展规律，生硬地、简单地搞"泛政治化"的哲学社会科学，也无法达到预期的思想政治教育功能。因此，如何坚持马克思主义的指导，运用马克思主义的科学方法论来研究哲学社会科学，实现学科发展的意识形态性与学术性的有机统一，是哲学社会科学能否有效育人面临的重要课题。

第三，哲学社会科学的本土性与国际性的关系。

哲学社会科学育人功能的发挥有赖于其不断创新发展，通过对人类自身和世界的持续探索来充实育人资源。实践提出的问题，是学术创新和理论发展的源泉。哲学社会科学一方面应当从中国实践出发，以研究中国现实问题为中心，解决和回应现实中存在和提出的问题，使哲学社会科学真正成为治国安邦、经世济民的学问。另一方面，正如习近平总书记指出的，文明因交流而多彩，文明因互

---

① 《马克思恩格斯选集》第 1 卷，人民出版社 1995 年版，第 98 页。

鉴而丰富，哲学社会科学的发展也不能囿于一隅、闭门造车，而是必须敞开胸怀、博采众长，充分借鉴全人类创造的优秀文明成果。尤其是在全球化背景下，我们应当通过广泛吸收先进文化，丰富我们自身的学科体系、学术体系。在走出国门、与国际接轨，开展国际对话和交流的过程中，如何在繁花似锦中不随波逐流，在百家争鸣中有效甄别符合中国实际的思想，把世界文明内化进中华文化，实现中国特色、中国风格、中国气派和世界一流、国际水准的有机统一，是哲学社会科学实现科学发展，在不断创新中有效育人的必然命题。

（二）高校哲学社会科学育人存在的主要问题

高校哲学社会科学育人工作在我国已有较为广泛的开展，取得了一定成效，有力助推了大学生思想政治教育。但目前仍然存在着工作不够深化、不够精细等弊端，影响了其育人功能的充分发挥。这些问题具体体现在如下方面。

第一，重理论、轻实践。

目前，高校哲学社会科学育人已经形成了一定的模式，主要包括开设相关课程和讲座等。这种模式化的教育方法虽然可以通过第一课堂较好地普及哲学社会科学，但各个学科的教学内容仍然处在"各自为战"的状态，尚未形成有机的协同联系。由于各个学科对于人类自身和人类社会的认识存在局限，因此教学内容难以满足学生的多种需求。更为关键的弊端是，课堂教学和开办讲座等形式侧重于理论传授而忽视实践教育，重在通过书本让学生认识自我、发掘世界。"天下之事，闻者不如见者知之为详，见者不如居者知之为尽"，当今时代各种新事物、新现象层出不穷，倘若只停留在书本教育，则势必难以使学生获得真切的生活体验，无法有效地运用理论知识对鲜活的实践问题进行及时有效的分析和探索。当理论与现实相冲突时，则势必影响学生对理论的认同，导致学生思想观念的模糊和混乱，削弱哲学社会科学的育人功效。

第二，重"人文"、轻"社科"。

"人文"与"社科"是既相互区别又紧密联系的两个范畴，广义的"人文"是相对于"科学"而言，包括一切哲学社会科学，狭义的"人文"不包括经济、政治、社会等可以使用实证和统计手段进行研究的"社会科学"。由于人文科学侧重于探索人的主观精神世界，致力于提升人的道德修养和思想品行，因此在育人工作中获得了更多的重视。而社会科学由于重在分析社会的运行规律，在当前的育人工作中，并未得到与育人的紧密联系。具体表现为：育人工作重"文史哲艺"而轻"社会学科"，即重视文学、历史、哲学、艺术等人文学科方面的课程设置和素质提升，而轻视如经济学、政治学、社会学、法学等社会科学方面的课程设置和素质提升；在社会科学内容选择上也存在不均衡的现象，即重"西"轻"中"，主要以西方社会科学思想观点开展，而中国本土的社会科学思想观点在教育中并未广泛传播。这种重"人文"轻"社科"的倾向，不利于哲学社会科学整体育人功能的发挥。如前文所述，人文科学和社会科学更有所长，在培养人、塑造人方面是一体两翼的，社会科学在引导学生分析社会问题的过程中，能够有效推动学生进行自我的道德审视和价值判断。因此，在育人工作中，要坚持人文和社科齐头并进、共同发力。

第三，重"授业"、轻"传道"。

当前，高校哲学社会科学课堂偏重于对现有知识的讲授，而忽视了在教学过程中向学生传授为人之道、处世之法。主要表现在：一是哲学社会科学课程有意无意回避意识形态教育。在某些哲学社会科学课程教学中，有些教师对学生缺乏正确的引导，把西方的哲学社会学科的理论观点、政治思想不加批判地、笼统地介绍给学生，从而使得隐藏在这些观点表层之下的、不符合我国主流意识形态的思想侵蚀了高校学生思想的健康，弱化了德育课程的教学效果，不利于高校学生正确世界观、人生观、价值观的形成。如在某些文史类课程的教学中，常常见到教师在分析社会历史问题时脱离社会生产方式，否定阶级分析观点，抽象地评说历史现象。这不仅违背了马克思主义的唯物史观和认识论，而且会对学生的思想品德成长有害。二是哲学社会科学专业课程忽略价值导向。价值观教育是德育的一个重要内容，在高等教育实践中，教师应该积极发挥哲学社会科学类课程的重要作用，对学生进行科学、合理、恰当的价值引导，帮助他们解决理论与现实的对接问题。但在教学实践中，个别教师却忽略了某些学术观点背后的价值取向，未加批判地引入课堂教学，极易误导学生。三是部分哲学社会科学课程没有站在立德树人的高度来进行课程建设，缺乏足够的历史担当和育人使命感。由于部分教师对哲学社会科学的科学性、大众性、政治性认识和把握不好，不能将三者较好地统一起来，导致哲学社会科学不能有效地发挥育人功能。一部分人、一部分学者未能做到习近平总书记提出"坚持教书和育人相统一，坚持言传和身教相统一，坚持潜心问道和关注社会相统一，坚持学术自由和学术规范相统一"①的要求，把学术研究禁锢于书房之中，使得哲学社会科学脱离了社会政治和学生实际；一部分人又离开哲学社会科学本身的学科发展和研究范式，僵化地、机械地开展研究，失去了相关学科应有的学科属性和学科地位。

四、迈步图新：推进哲学社会科学育人创新

（一）坚持正确方向，用发展着的马克思主义指导哲学社会科学建设

习近平总书记在哲学社会科学工作座谈会上的讲话中指出，坚持以马克思主义为指导，是当代中国哲学社会科学区别于其他哲学社会科学的根本标志，必须旗帜鲜明地加以坚持，不坚持以马克思主义为指导，哲学社会科学就会失去灵魂、迷失方向，最终也不能发挥应有作用。

在具有意识形态性的各门哲学社会科学学科中，都有一个由马克思主义基本观点和该领域内容紧密相结合而形成的世界观和方法论问题，它对该学科领域起着特殊的、贯穿始终的指导作用。例

---

① 《习近平谈治国理政》，外文出版社 2014 年版，第 379 页。

如，马克思主义的历史哲学、社会科学方法论、法理学、政治哲学、新闻观、艺术观等，就是马克思主义学科观的具体表现形态，它们都从特定的角度表明，只有接受马克思主义基本理论的指导，才能引导该学科以马克思主义的世界观、方法论去认识和解决该领域的问题。当今世界经济深度调整，地缘博弈此起彼伏，意外事件频频发生，各种思潮交汇激荡。面对这样的大变局，我们不能被乱花迷眼、也不能被浮云遮眼，一定要保持政治定力、学术定力，守住根本、不忘初心、高举旗帜，不断巩固马克思主义的指导地位。

高校哲学社会科学历来是马克思主义理论教育、宣传和研究的主阵地。高校哲学社会科学的建设要同国家发展的现实目标和未来方向紧密联系在一起，为人民服务，为中国共产党治国理政服务，为巩固和发展中国特色社会主义制度服务，为改革开放和社会主义现代化建设服务。因此，在哲学社会科学相关学科建设过程中，必须毫不动摇地坚持和巩固马克思主义的指导地位，坚持马克思主义的基本立场、观点和方法，整合马克思主义哲学、政治经济学、科学社会主义等学科力量，统筹资源，优化布局，加强马克思主义学科对整个哲学社会科学学科体系的辐射和引领；坚持马克思主义实事求是、具体问题具体分析的活的灵魂，用全面的、发展的、联系的观点看问题，确立大局意识，从发展的大局、政治的大局分析问题、研究问题，与时俱进，不断推进理论创新；坚持马克思主义不仅重视科学地解释世界，更强调能动地改造世界的理论品格，既重视"是什么"和"为什么"的研究，更重视"怎么办"的研究，着眼于提出解决问题的科学途径和有效办法，切实体现哲学社会科学的社会功能。同时，这种马克思主义必须是发展着的、创造性的马克思主义，在哲学社会科学相关学科教学中充分体现马克思主义中国化的最新成果，与时俱进，用发展着的马克思主义来指导我国的哲学社会科学相关学科，反对把马克思主义僵化、教条化。

（二）扎根中国大地，推进理论创新，构建中国特色哲学社会科学学科体系

创新是一个民族进步的灵魂，是马克思主义的永恒主题，是推动哲学社会科学繁荣发展的动力。要不断推进哲学社会科学相关学科的理论创新，增强对大学生的教育和引导作用。这是整个哲学社会科学面临的共性问题。对于哲学社会科学相关学科来说，创新同样在繁荣发展哲学社会科学的伟大任务中。中国的哲学社会科学，应该在世界上占有更重要的地位，要与中国的国际政治地位、经济地位相称，研究中国文化和中国问题的中心应该在中国，而不是在外国；要服务国家战略，为中国的发展提供理论创新成果，发挥智库作用，为改善全球治理和促进人类文明的和谐繁荣提供来自中国、来自东方的智慧。

要有"为往圣继绝学、为万世开太平"的崇高使命感，牢固树立文化自信，坚守自己的价值，传承中华优秀文化。要立足中国大地，紧密结合中国特色社会主义的成功实践，推进学术话语体系创新，加快完善具有中国特色和世界水平的哲学、历史学、经济学、政治学、法学、社会学、民族学、新闻学、人口学、宗教学、心理学等学科。要处理好继承和发展的关系，提倡求真务实、求真和求新相结合，在教材中反映当代中国马克思主义的新成就，特别要提倡理论与实际相结合，在结合中创新，在应用中创新，为大学生解惑释疑。哲学社会科学相关学科教师要发扬理论联系实际的优良学风，发挥哲学社会科学的优势，紧密围绕大学生普遍关心的、改革开放和现代化建设中的重大问题，做好释疑解惑和教育引导工作。

学术评价要坚持政治标准和学术标准相统一，要兼具历史与现实两个向度、中国和世界两种视野。必须借鉴世界上的先进经验，吸收人类文明的一切优秀成果，但不能被人家牵着鼻子走，要坚持以中国为主体，坚持我们自己的标准，更加注重成果的质量和对国家、人民的贡献。要回归学术本源，扎扎实实做好基础研究，促进跨学科、跨文明的研究。北京大学于 2016 年 9 月成立了人文社会科学研究院，并决定成立区域与国别研究院（"一带一路"研究院），促进高水平学术交流和基础交叉研究，涵育学术、激活思想，推动建立真正原创的、在世界上具有引领意义的思想理论体系。

（三）以打造经典、精品为龙头，加强哲学社会科学教材体系建设

教材是传承民族优秀文化、体现国家意志、反映人类文明，解决好"培养什么人、怎样培养人"这一根本问题的重要载体，又是大学生掌握相关知识、思维方法，以及体悟相关学科价值导向的直接窗口和平台。因此，要加快建设一批哲学社会科学专业核心课

程教材，基本覆盖哲学社会科学主要学科专业领域，让学生能够直接有效地接受相关学科精髓的浸润。教材的优劣与否，关键取决于编审人员的学科素养。要以提升教材思想性、科学性、民族性、时代性、系统性为重点，选拔政治立场坚定、专业造诣深厚、教学经验丰富、熟悉教材建设规律的人员，组建哲学社会科学教材编审队伍，建立健全哲学社会科学教材编审机制。

哲学社会科学是全人类智慧的结晶和共同财富。要充分发挥哲学社会科学的育人功能，就要充分吸收、借鉴人类文明的精华，要以开放的胸怀博采世界优秀教材。但必须注意的是，在当今形形色色的思潮中，世界范围内的教材存在良莠不齐的现状，有些甚至与马克思主义背道而驰，倘若一味地"拿来主义"，则势必会影响大学生的是非判断，产生"价值雾霾"。因此，要制定引进教材选用管理办法，加强教材进口管理，严格规范国内出版机构与境外出版机构的教材出版合作。要严格对哲学社会科学教材进行导向和质量把关，规范教材选用，加强对教材选用工作的监督检查和违规处理。

近年来，北京大学坚持以马克思主义为指导，严格规范教材选用，继续加强"马工程"重点教材体系的建设并认真推广、使用，发挥示范引领作用。发挥北大精英汇聚的优势，聘请第一流的专家学者亲自编写文科教材，整合力量推出一批精品，比如厉以宁先生等名师大家合讲、合著的《社会主义核心价值观十二讲》，袁行霈先生牵头、北大十余位学者正在编写的《中华文明史》。对引进的西方教材严格把关，决不做西方理论的"搬运工"。同时，传承北大的红色基因，用好党史、校史等校本资源，编写具有特色的思想政治教育校本教材。

（四）协同思想政治理论课，形成教育合力

育人工作是一项复杂的系统工程，既需要培养学生认识世界、探索新知的必备知识和技能，又要致力于引导学生沿着符合国家和民族乃至于全人类共同利益的正确方向成长成才。育人的目标决定了育人工作内容的复杂性、多元性，绝非凭借任何一门学科的一己之力可以实现。因此，必须加强协同，综合各种要素形成合力，以优化的手段来实现育人工作的实效性。

1983年，教育部决定设立思想政治教育专业。历经30余年的建设发展，思想政治教育学科专业体系逐步形成，为思想政治教育科学化研究、学科建设和专门人才的正规化培养提供了依托平台、制度保障与合法性依据[1]，同时也为思想政治理论课在思想政治教育体系中发挥主渠道、主阵地作用提供了有力支撑。然而，在国际形势瞬息万变、社会思潮多元激荡的今天，仅仅依靠思想政治教育学科的力量难以充分支撑育人工作的开展。这就迫切需要哲学社会科学的相关学科群策群力，共同参与到思想政治教育中来，携手推动思想政治理论课改革创新，努力把思想政治理论课办成坚持以社会主义核心价值观为引领的、最受学生欢迎的课程。

近年来，北京大学按照"大思政"的思路和格局，积极推动

---

[1] 张耀灿：《思想政治教育学科专业创建30年的回顾和展望》，《思想理论教育》2014年第1期。

哲学社会科学和思想政治理论课的协同互动，在二者的有效结合中推动育人工作的创新发展。在保证思想政治理论课专职教师队伍建设的前提下，北大实行思想政治理论课教师"联合聘任"制度，通过课程制度的优化和资源投入的倾斜，不断转变思想政治课授课师资的传统单一观念，加快推动马克思主义学院与哲学系、经济学院、中文系、历史学系、国际关系学院、政府管理学院、法学院等相关院系以及中共中央党校、国家行政学院、国防大学等院校合作聘任专家学者讲授思想政治理论课，实现跨学科、跨院校、多方位的合作，建立多学科、多领域、多层次的思想政治课师资队伍。以培育和践行社会主义核心价值观为契机，北京大学邀请了十二位本校人文社科领域的专家学者以学术视角、中国立场解读社会主义核心价值观十二个关键词；开设了"社会科学的经典与前沿"课程，以马克思主义为指导，向学生传授社会科学各学科的基本理论和方法，用经典文献解读前沿问题，又以前沿问题诠释经典文献，服务北京大学"培养引领未来的人才"的核心使命。

第四章 构筑载体：加强思想政治工作阵地建设

思想政治工作阵地是沟通教育者与受教育者的桥梁，是联结教育内容与教育对象的媒介。加强阵地建设是做好高校思想政治工作的重要基础，有助于为学生的学习成长、修身树德营造好环境、创造好生态、打造好空间，润物无声地让学生汲取理论知识、获得人生启迪、充实精神力量。

近些年，高校思想政治工作一直在改革创新，取得了一定成绩，同时，也不得不认识到，还有很多值得改进的地方。河南省某高校的学情调查显示，学生们对思想道德修养与法律基础课有不同的学习动机，也表现出不同的行为活动。调研结果显示，22%的学生在课堂上"对感兴趣的问题听听，不会主动参与课堂活动"，20.4%的学生是"为了学分而去上课，但在课堂上做其他事情，例如睡觉、聊天、玩手机、看其他学科的书等"，另外3.4%的学生干脆就不去上课。值得肯定的是，学生群体中还是有学生愿意

"认真听课，做好笔记并积极思考和发言"（占 54.2%）。[①] 这一调查也侧面反映了加强思想政治工作的紧迫性和必要性，传统的工作阵地对学生的吸引力不足，因此需要加强思想政治工作阵地建设，对学生加强管理和引导。思想政治教育既要在课堂上，也要在课堂外，既要在理论上，也要在实践中，要深入推进思想政治理论课改革，加强马克思主义学院建设，同时强化社会实践育人。

一、深入推进思想政治理论课改革

在 2016 年 12 月召开的全国高校思想政治工作会议上，习近平总书记强调要用好课堂教学这个主渠道，要求广大教师把更多的时间和精力投入到课堂教学中，认认真真讲好每一堂课。要让信仰坚定、学识渊博、理论功底深厚的教师来讲思想政治理论课，要吸引更多优秀教师走上思想政治理论课讲台。

思想政治理论课的魅力哪里来？来自于真理的力量，来自于直面现实的勇气，也来自于对传统教学模式的改革创新。[②] 深入推进思想政治理论课改革，要在教育理念、课程体系、教学内容和方式方法上下功夫，让思想政治教育接地气、入人心、立人志。

[①]　张葳：《关于大学生"思想道德修养与法律基础"课学习兴趣的调查与研究》，《北大青年研究》2016 年第 2 期。

[②]　陈建强：《让思政课火起来》，《光明日报》2017 年 5 月 29 日。

（一）进一步明确教育理念

为了应对全球化、信息化、多元化的新形势、新任务、新变化，解决面临的新问题，需要思想政治教育工作者们积极作为，以全国高校思想政治工作会议精神为指导，帮助学生正确认识世界和中国发展大势，正确厘清中国特色和国际比较，正确面对时代责任和历史使命。要着眼于马克思主义理论的新发展，结合中国转型时期国情的新局面，把握当代人才培养的新需要，找准思想政治教育的新定位，树立并践行有利于培养社会主义合格建设者和可靠接班人的教育理念。

家国情怀，是思想政治教育的灵魂。我国近代著名爱国教育家张伯苓倡导并践行"公""能"教育，力在"培养学生爱国爱群之公德，与夫服务社会之能力"①。当前，要坚持以社会主义核心价值观为引领，大力倡导爱国主义精神，加强学生对国情、民情以及道德的认知，提升学生的思想政治素养，激发他们对于自身使命的思考，励志勤学、刻苦磨炼，永做走在时代前面的奋进者、担当者、奉献者。

德育教育，是思想政治教育的基础。要坚持"育人为本，德育为先"，对学生加强道德教育、法治教育，引导大学生学习和传承中华优秀传统文化、革命文化、社会主义先进文化，让他们成长为健康的人、全面发展的人。

---

① 王文俊等编：《张伯苓教育言论选集》，南开大学出版社1984年版，第247页。

认识世界，是思想政治教育的关键。与时俱进是马克思主义的理论品质，要求我们立足本土，放眼世界，拥有自己对世界的认知和反思。如今，我们正处在一个时代急剧变化和社会迅速发展的历史时期，就更要引导学生增强辨析能力，在复杂多变的世界中认清人类社会的发展大势，进一步坚定中国特色社会主义道路的自信。

人文关怀，是思想政治教育的核心。传统的思想政治教育侧重"教化"，如今的思想政治教育更偏重"关怀"。要弘扬人本精神，鼓励学生认识自己、以学养人、治心养性，从而拓展思维宽度，提升人生境界，理解人生意义和价值，实现人的自由而全面的发展，在学校和社会营造出消解躁气的文化空间。

（二）重点打造课程体系

全面加强思想政治理论课课程建设。进一步改进思想政治理论课的领导体制、工作机制、教学内容和方式方法，推动教学方法和手段创新。完善学校领导和院系领导参与思想政治理论课教学制度，加强思想政治理论课的选课指导。建立多层次课程体系，建设网络思想政治理论课程。加强实践育人基地建设、丰富实践教学，研究学生实践活动学分化实施方案。选聘优秀任课教师，集中开展马克思主义基本原理、马克思主义与当代、中国文化与民族复兴、社会主义核心价值观等专题研究。加强学习习近平新时代中国特色社会主义思想，推进习近平新时代中国特色社会主义思想"三进"工作。改进课程考核方式，设置思想政治理论课助教岗位，立项支持教学辅助材料和教学参考书编写，完善课程综合评价体系。探索研究生思想政治理论课改革，丰富课程设置、创新授课形式。组织研究生阅读马克思主义经典著作和中国共产党重要文献，通过研讨、提交听课报告、撰写课程论文等形式提高学习效果。

更加注重新的范式，旗帜鲜明地张扬思想政治教育理论研究的中国立场，同时注重研究视野的开阔性、开放性和世界性。进一步加强思想政治教育理论研究对"问题"的关注，应当关注"新"问题、切准"真"问题、聚焦"大"问题，同时也应该重话"老"问题。以精品课程为抓手，提升教学质量。精品课程申报中，思想政治理论课程单列，组织优秀思想政治理论课评比等活动。2017年秋季起，开设系统性的面向全体境外学生的全校性中国国情、形势与政策等公共必修课，通过中、英文授课，满足境外学生的知识需求。

思想政治教育课程改革应当更加鲜明地张扬学术思维。在更高层次上实现跨学科协同发展，即实现思想政治教育理论研究的多学科聚焦，实现多学科方法在思想政治教育理论研究中的深层次交融。重视和加强与中国特色社会主义发展实践相结合的教学科研，通过关注当下中国经济社会发展中所面临的各种问题，以解决问题为切入点，带着研究的视角来讲述课程，深入研究世界经济和我国经济面临的新情况新问题，为马克思主义政治经济学创新发展贡献中国智慧。

思想政治教育课程应当与其他课程协同发力。习近平总书记强调要用好课堂教学这个主渠道，所有课堂都有育人功能，不能把思想政治工作只当作思想政治理论课的事，其他各门课都要守好一段渠、种好责任田，形成协同效应。课堂作为思想政治工作的主渠道，不仅是在思想政治理论课堂上讲授马克思主义理论知识，更要在所有课堂上传授社会主义核心价值观，课堂上不仅要教书授业，更要传道育人。

（三）精心锤炼教学内容

教育部部长陈宝生同志就"教育改革发展"答记者问时指出"内容没有针对性，授课方式不适应，学生就不爱听"，并用亲身经历举例，提到他们那一代人，当过农民、知识青年、工人，上大学思想政治理论课一开始讲生产力、生产关系、是能够理解的。现在的学生高中毕业进了大学，一开始就讲生产力、生产关系、经济基础、上层建筑，因为缺乏生活经历很难理解。所以，课堂内容迫切需要改革，要以内容的更新和改进来提高思想政治理论课的教学质量和水平，建立定期教学研讨、教学难点问题联合研究、理论与实践交互深化等日常性、基础性机制。

通过对河南省某高校 2015 级新生的调查，23.8%的学生认为思想道德修养与法律基础课具有思想政治理论说教的性质，空洞、枯燥的理论说教没有意思，发自内心地抵触、排斥这门课。[①] 思想政治理论要从中国文化的土壤中汲取更多的营养，把解决思想问题同解决实际问题结合起来，注重教材建设、案例教学、功能导向。

注重教材建设，稳定性与时代感并重。要积极开展立体化教材

---

① 张冀：《关于大学生"思想道德修养与法律基础"课学习兴趣的调查与研究》，《北大青年研究》2016 年第 2 期。

体系建设，研究和把握统编教材的精神与内容，实现书本教材体系向课堂教学讲授体系、学生乐于接受的话语体系的转换，提高思想政治理论课教育教学的效果。应组织编写、使用具有本学校特色的辅助教材，探索建立思想政治理论课"一纲多本""一纲多辅"的立体化教材体系。

提高案例教学多样化，将理论性与生活实际充分结合。美国高校"在专业课程中也渗透着思想政治教育，要求学生对任何一门专业课的学习都要从社会、伦理等方面进行必要的考虑，将自然科学知识传授与'思想政治教育'紧密结合起来"。① 关心国家大事，关心时事政治，关注国内外热点问题，这是大学生关心国家建设与民族振兴的积极表现，也是理论课教学能够调动和激发学生的学习积极性的一个切入点。课堂上通过正确的理论和思想的引导，也能帮助学生们分辨社会上充斥的复杂多样的信息。

重视教学内容的功能导向性，思想政治教育有鲜明的时代性和针对性，需要使学生充分明确其中的意义与作用，从而达到从思想和观念上引导和影响学生的目的。将形势与政策的实践和学习纳入学分。邀请各领域顶尖专家，以科学家们的实际感受和人生经历对大学生产生潜移默化的导向作用。

（四）注重教学方式方法

从教育学的角度说，教学方法是关系到教学目标能否得以实

---

① 杨连生、王金萍：《美国高等学校"思想政治教育"对我们的启示》，《大连理工大学学报（社会科学版）》2004 年第 4 期。

现、教学效果能否得到提高的一个重要因素。因此，任何教学活动都十分重视对教学方法的研究，思想政治理论课的教学尤其如此。

讲思想政治教育的理论要接地气，并善于把道理融入故事中，把国家改革发展伟大成就的鲜活案例、人民群众创造历史的无穷智慧传播开来，借助报刊、网络、微信、微博等媒介途径，让新媒体进课堂，抓好课堂效果，加强课堂反馈，让思想政治学习不枯燥，传播社会进步正能量。

紧密联系实际。在学校、在课堂上教师要努力创造一个有利于思想政治理论课教学的小环境，这就需要在教学方法上下功夫，把学生牢牢地吸引到教学中来，使他们认识到，这门课是非常有意义的，是能够解决许多现实问题的。学生对学习是否有兴趣，与教学是否符合学生的需求有着直接的关系。这就要研究学生的需求是什么，学生对哪些问题比较感兴趣，学生想听什么、希望知道什么，使自己的教学与学生的需求相吻合。在现实生活中，面对各种复杂的现象，学生会有许多的问题和困惑，会有许多需要从思想上理论上搞清楚的问题，这就是学生的兴趣和需求。教学方法的研究，就要从这些问题入手去满足学生的需求。

新媒体进课堂。当代大学生基本是伴随着计算机、互联网的发展和普及长大的，思想政治教育慕课的设计要围绕学什么、怎么学制作微视频和音频，合理规划课内课外时间、设计翻转课堂，围绕线上、线下活动设计师生交往互动。慕课的出现让"天下所有人免费上课"的期待变成了现实，但推广使用后人们发现慕课的结课率只有5%，学习体验和完成率成为慕课真正面临的挑战。网络信息化时代中，传统课堂与"慕课"应当包容性发展。① 同时，我们要认识到技术并不能取代课堂，但技术必然会改变课堂。慕课在思想政治理论课中的运用，要建立在遵循思想政治教育活动实效性的基础之上，注重学生创造性思维的培养，加强对意识形态内容的把关，积极构建平等互动的新型师生关系。

增强课堂反馈。控制论的创始人维纳曾说过："一个有效的行为必须通过某种反馈过程来获取信息，从而了解目的是否达到。"现代教学论中也有相同的阐述：教学过程中，老师将思考和解决问题的方式传递给学生，再通过讨论、作答、考试等形式收到反馈信息，从而调节教学方式方法，改进教学。

以教学目标来设计考试方法，从而使之成为合理的评价机制。考试作为一种反馈信息的手段，需要能够科学检验教学成果。思想政治教育目的在于让学生掌握基本原理，并运用基本原理分析解决现实问题，这就需要考试内容要与实际紧密联系，把考试重点转到利用原理分析实际问题。

（五）加强师资队伍建设

重视思想政治理论课教师队伍的培训。当前，多样化的社会环境对思想政治教育教学提出了越来越高的要求，这就要求我们高度重视提升思想政治理论课教师的业务能力和水平，注重帮助思想政治教师更新知识结构、提高理论知识水平、善于总结和吸收最新的

---

① 张会峰：《互联网时代的思想政治理论课改革——对"慕课"浪潮的反思》，《北大青年研究》2016 年第 3 期。

教育成果和理念，并将其合理地运用到教学中以改善教学的实际效果。同时要引导思想政治理论课教师不断增强创新意识和能力，探索行之有效的教学方式和方法，使教育教学过程更具科学性和规律性；要不断拓宽教育视野，重视开展社会调查和实践，深入社会、深入实际，为教学积累丰富的资源。鼓励在教学中敢于直面社会现实，善于用科学的理论揭示社会热点和难点问题，从而增强思想政治理论课的可信度和实效性，为思想政治理论课教学工作的进一步发展提供有力的支撑和保证。

创新思想政治理论课教师聘任机制。传统思想政治理论课教师构成单一，教师自身的知识结构、教学方法等方面的业务素质面临新的挑战，照本宣科的做法难以满足当代大学生对知识的满足程度和当代教育的理念。通过兼聘、共同开设课程等方式，聚集各相关学科领域的顶尖学者，把有理想、有信念、有担当的名师大家均纳入思想政治理论课教师队伍，进一步促进多学科的交叉，拓展学生的视野，提升思想政治教师队伍质量，丰富课堂教学内容和形式，调动学生学习的热情和积极性，从而更好地提升思想政治教育质量和效果。

二、强化社会实践育人

中国现代职业教育家张伯苓主张寓教育于生活及课外活动之中，他主张学生不单要从书本上得学问，并且还要有课外活动，从实践中得来的知识学问，比书本上好得多。思想政治教育工作也应如此，在日常课堂的教育教学中，学生们明确了新形势、新发展、新目标，学习了新理论、新思想、新战略，更需要将"体验式的思想政治教育"融入到第二课堂的实践活动中去，做到课内和课外相结合。一方面注重培养学生的政治理论修养；另一方面更加注重培养学生的政治实践能力，重视实践育人，为学生参与社会实践创造更多机会和平台，把解决思想问题同解决实际问题结合起来，把社会主义核心价值观贯穿于高校办学育人全过程。鼓励学生亲身参与、知行合一，让学生在身体力行的实践中认识自己、认识社会，受教育、得真知、长才干、做贡献。

课堂外的观察和实践是一种隐性教育，隐性教育这一概念是美国学者奥握勒于1970年提出的，他认为校园生活占据了学生的大部分时间，应通过校园生活渗透德育意识。要加强校园文化建设，举办丰富多彩的文化活动，让大学生浸泡在文化中成长。跳出课堂的条框限制，探索课外思想政治教育的有效途径，深入挖掘隐性教育的诸多方法，这样才能真正贯彻思想理论课改革的实质精神，建立起思想交流的"立交桥"。思想政治学习理论从实践中来，更要运用到实践中去，只有如此，思想政治教与学才能达到育人的目的。

（一）全面打造思想政治工作平台

为了提高社会实践活动的实际效用，学校和社会要为学生打造思想政治学习平台，引导学生理论联系实际，勇于实践，充分运用实践中群众的丰富创造，让学生感受到理论是来自于实践，也能够指导当代中国的实践，构筑起一个"同心圆"。正所谓，课内举一，课外反三；课内打基础，课外练功夫；课内提出问题，课外解决问题。高校思想政治工作，不仅是辅导员、思想政治工作队伍的事，也不仅是一所高校的事，它需要高校以及社会全要素的配合。为打造全方位的思想政治工作平台，可从以下方面着手。

教学科研院所平台。充分发挥马克思主义学院、哲学系等院系以及相关科研院所作为把握马克思主义基本理论的发展、马克思主义中国化的过程、如何运用发展着的马克思主义来认识客观世界、改造主观世界等研究领域的重要基地作用。同时，通过设立关于马克思主义理论和实践的研究基金，鼓励教师参与研究，并吸收高年级本科生参与科研课题，指导学生申报科研项目。使学生通过自己课外的阅读和积累开展研究和学习，引导学生参与到意识形态的自我强化过程中来，提升自己的思想政治素养。

基地教育平台。加强革命纪念地和历史遗迹、博物馆等相关基地的教育功能，发挥其在加强大学生爱国主义教育、弘扬民族文化等方面的作用。北京大学各单位经常组织党员开展"缅怀革命先辈，重走五四路，参访红楼"等历史主题党团活动，有利于进一步加深新生党员对北大精神、五四新文化运动以及爱国主义的体悟，增强对组织生活的融入感和归属感。通过这些基地平台，可以给教师和学生提供一个加强思想政治理论学习、提升爱国主义精神以及促进交流的机会，有助于全面加强思想政治教育工作。

实践教育平台。通过多方资源，对接一批能与思想政治实践教学相辅相成的实践实习机构，同时将各专业实践教学基地纳入思想政治理论课课外实践教学的基地群，形成"双基地"建设的模式。为同学们搭建地方考察、深度调研、交流访问、志愿服务、企业参访的平台，引导学生走出校门、走向社会，实践专业知识，提高自身能力，成长为优秀的储备人才。

树立"互联网+"思维，使"互联网+"成为开展思想政治教育的新平台。"互联网+"是时代发展的大趋势。"互联网+"改变了生活，改变了社会的生态结构，成为了思想政治工作新的挑战和机遇。高校要合理运用微信、微博等新媒体公众平台，以更容易被大学生接受的、图文并茂的教育内容进行表达和传递。调查发现，学生对于个体正面新闻的参与兴趣最高，其次为学业生涯信息和生活信息，再次为院校正面新闻和社会负面新闻，这使以公众平台传递思想政治教育理念成为可能。

（二）塑造思想政治教育校园文化

高度重视校园文化建设。高校是人才培养的出口，高校的育人方式既包括课堂教学，也包括第二课堂、校园文化建设等全方位、全过程育人环节。要更加注重以文化人、以文育人，广泛开展文明校园创建，不断提升校园文明程度。要注重发挥共青团、学校社团、学生自治组织的作用，调动学生参与的积极性，开展形式多样、健康向上、格调高雅的校园文化活动。要进一步发挥开学典礼、毕业典礼、纪念、节庆等重大活动，以及各类讲座、报告、论坛等学术交流的育人作用，潜移默化地提升学生的思想政治素质、加强家国情怀与使命担当意识，使社会主义核心价值观逐步融入校园生活、催生校园新风。

创新发展党建文化，做好党支部活动。党组织要以集中学习、个人自学等方式、以"党组织书记上党课、党员轮流讲党课"及"微型"党课、小型学习会等形式开展深入学习党的文件，加强党组织的引领性，调动学生党员学习积极性，提高党员的思想政治觉悟，提高党员素质和修养。学生党员要带头学习，在学习中起表率作用。

培育优秀社团文化，加强学生社团建设。北大社团文化传承悠久并丰富多彩，有两百多个登记社团，覆盖各个领域，让同学们的兴趣爱好和特长得到全面释放。其中，思想政治理论类社团是一支重要力量，例如，青年马克思主义发展研究会、国防教育社团、毛泽东诗词书法研究会、爱国军友会、亚洲未来政治人协会、邓小平理论与实践研究会等，可以满足同学们在各个领域共同钻研探索的需要。此外，马克思主义协会举办的"工友之家"向北大后勤服务人员普及马克思主义哲学和其他基本知识。这对加强思想政治工作，实现全面育人也起到了很好的促进作用。

大力弘扬榜样文化，注重典型人物事迹学习。加强先进典型的宣传，采用灵活多样的形式学习先模人物，用先进模范人物激励学生树立正确的世界观、人生观、价值观，用身边的事教育身边的人，引导学生做社会主义核心价值观的坚定信仰者、积极传播者、模范践行者，最终成为中国特色社会主义合格建设者和可靠接班人。

此外，通过一些喜闻乐见的诸如读经典、观影视、学时政、评案例等活动形式，在校园内营造良好的思想政治教育的文化氛围。用好微博、微信等媒体平台。充分发挥网上平台的舆论导向功能。以各高校普遍存在的 BBS 为代表的网上论坛，已成为展现大学生舆情民意的重要场所。网络实践教学也要充分利用这一平台，积极关注论坛上的话题，把握住主旋律，并经常设置一些与大学生思想和现实社会密切相关的话题，供大家进行网上交流。这既能够强化大学生在虚拟网络生活中的人际交往和社会参与能力，也是对思想政治理论课堂教育的有益补充。

（三）推广大学生志愿服务

大学生志愿服务，既是大学生的一种社会实践活动，又是他们直接了解社会了解国情的过程，通过这一活动，能够使他们得到锻炼，更重要的是对他们的思想形成激励和启发。美国大学的教学非常注重渗透式的价值观教育，非常重视实践教学环节，把政治教育和道德教育寓于各种社区服务、社会服务之中。中国高校思想政治教育也鼓励学生尽己所能服务社会，在服务中提升思想境界，培养社会责任感和社会公德。要引导大学生抓住与社会密切联系的机会，通过参与大型活动、校园日常活动、假期支教服务等，锻炼能力、了解现实、适应社会。

做好大型活动赛事的志愿服务。在这方面，北大的师生一直走在前面。2008 年奥运会和残奥会，北大学生作为志愿者参与到志愿服务中，作出了积极贡献，也锻炼了一大批优秀青年，在青年学生中产生了良好反响。第九届中国（北京）国际园林博览会成为2013 年北京大学志愿者们的又一盛会。5 月 18 日至 11 月 18 日，北大的 405 名"小 V 蜂"志愿者与北京其他高校万余名志愿者一同圆满完成了园博会的志愿服务工作，成为美丽园博园中一道亮丽风景线。2014 年 11 月 5 日至 11 日，APEC 会议在中国北京举办，北京大学 APEC 志愿者团队参与在 APEC 会议各类工作之中。123名会务志愿者与 200 名场外志愿者分布于各条战线，全身心助力APEC 会议，他们以热情真诚的态度和细致入微的服务，为国家和民族赢得了尊严，成长为属于这个深秋的"APEC 一代"。

营造广泛参与的校园志愿服务环境。除了大型活动的志愿服务之外，营造一个全方位的志愿服务环境也至关重要，让每一个学生都有参加志愿服务的意识和机会，在服务中锻炼自己、提升修养。每年 12 月，是北京大学志愿文化节的盛会，志愿文化节以志愿服务搭台，文化传播主打，强调志愿者的主导、参与、体验与收获，开展志愿文化嘉年华、公益分享交流会等内容丰富、异彩纷呈的系列活动，充分展示志愿者风采，让志愿文化的活力感染每一个人。

三、加强高校马克思主义学院建设

马克思主义学院是高校思想政治理论课教学和马克思主义理论学科人才培养、学科建设、理论研究的依托单位，担负着巩固马克思主义在高校意识形态领域的指导地位，推动马克思主义理论的学习、研究和宣传，开展思想政治理论课教学等特殊使命。推进高校马克思主义学院建设，要加强马克思主义理论学科的学科建设、人才培养和科学研究，努力提升马克思主义理论学科的引领作用，发挥马克思主义学院的示范影响。

（一）加强马克思主义理论学科建设

个别高校虽然积极提倡进行思想政治教学，但口头行动偏多，落实得并不到位。高校致力于培养大学生综合能力和实践能力，对大学生进行思想政治教学并不能起到立竿见影的效果。对于学生来说，他们认为思想政治教学仅仅只是学习马列主义、毛泽东思想，这些都是纯理论的知识，只需要死记硬背就可以了。[①] 没有意识到思想政治教学中的本质和深刻影响，需要在学科建设中强调教学作用。

马克思主义是科学的世界观和方法论，是反映客观世界特别是人类社会的本质和规律的科学真理。它既应该从哲学、政治经济学、科学社会主义等方面进行分门别类的研究，更应该进行整体性研究，完整地把握马克思主义的科学体系。"马克思主义理论"就是一门从整体上研究马克思主义基本原理和科学体系的学科。它研究马克思主义基本原理及其形成和发展的历史，研究它在世界上的传播与发展，特别是研究马克思主义中国化的理论与实践，同时把马克思主义研究成果运用于马克思主义理论教育、思想政治教育和

---

① 赵彤璐：《大思政视野下高校思政教学问题探讨》，《高教学刊》2015 年第 20 期。

思想政治工作。它包括五个二级学科：马克思主义基本原理、马克思主义发展史、马克思主义中国化研究、国外马克思主义研究、思想政治教育。同时，哲学一级学科下设有马克思主义哲学二级学科。

从学科与学院关系的意义上讲，马克思主义理论学科为马克思主义学院的建设与发展提供学理支撑和学科支持，反过来马克思主义学院则为马克思主义理论学科的建设与发展提供机构保障和发展载体。离开了学科，学院的建设与发展就没有了灵魂；离开了学院，学科的建设与发展也失却了依托，二者不可分离、相得益彰。

学术研究是基础。学科建设要有准确的定位，专业课的课程设置要合理，同时还提高教学质量。把教师们个人的学术潜力最大限度地转化为整体的学术优势，进一步凝练研究方向，明确研究领域，突出院系特色；要探索和遵循马克思主义理论学科的发展规律，确定学科的发展思路；科学研究是提升教学水平的重要支撑，马克思主义理论学科教师应自觉提升学科的科学内涵和自身的学术水平。打铁还需自身硬。加强科学研究是练就硬功夫的重要途径，也是提升高校马克思主义学院影响力的重要途径。我们应结合实践的新经验和科学发展的新成果，学习和研究马克思主义，与时俱进，努力创新。马克思主义学院应该成为科学研究的殿堂、学术交流的平台。

为思想政治理论课提供支撑。中宣部、教育部《关于进一步加强和改进高等学校思想政治理论课的意见》高度概括了马克思主义理论学科建设和思想政治理论课课程建设的相互关系，明确指出："学科建设是加强和改进思想政治理论课的基础。思想政治理论课教育教学所依托的学科是我国特有的一门政治性、科学性和实践性很强的学科，只能加强，不能削弱。设立马克思主义理论一级学科……为加强高校思想政治理论建设，培养思想政治教育工作队伍提供有力的学科支撑。"

为教师队伍建设提供保障。在马克思主义理论学科建设过程中，通过专业设置、研究方向和课程设置等方面的建设和发展，培养一批从事马克思主义理论研究和教学的专业人才。使思想政治理论课教师有针对性地、创新性地提高学术水平，这样，不仅可以提高现有教师的马克思主义理论素养和教学、科研能力，而且可以培养和造就一大批具有发展潜力的中青年学科带头人和学术骨干教师，补充思想政治理论课教师队伍。

为服务国家和社会发展提供智库。建立"马克思主义理论智库"，积极参与学校和地方政府重要文件、报告、法规、决策的起草、论证或修订工作，参与地方党政、企事业单位决策咨询。

（二）加强马克思主义学科人才队伍建设

无论是提高教学质量、提升科研水平，还是推动学科发展，都离不开人，离不开人才队伍建设。人才队伍建设是高校马克思主义学院的立院、兴院、强院之本。加强队伍建设，至少需要从以下四个方面着力。

要本着"重教学科研水平，重发展潜质"的原则，加大对青年教师和高水平人才的引进力度，扩大教师队伍规模，使思想政治理论课师生比达到教育部 1∶350 的要求。争取多培养本土人才，在做好人才引进工作的同时，做好育人、用人、留人工作。

切实搞好思想政治理论课教师的各类培训、培养工作。选派优秀教师参加不同层次、不同类型的培训班；鼓励教师积极参加不同层次、不同类型的评比（优）活动；鼓励思想政治理论课教师兼任学生辅导员或班主任，或选拔优秀思想政治理论课教师到党政机关、企事业单位挂职锻炼。

切实关注教师发展需求。从马克思主义学院教学任务较重的实际情况出发，建立相应的职务晋升标准和岗位考核标准，确保思想政治理论课专业技术职务高级岗位比例不低于学校重点学科高级岗位设置的平均水平。高度重视教师职业发展。根据实际需要设置专业技术工作岗位，明确职责，完善教师职称评审工作，开展多种形式的进修与培训，提高教师的业务素质和学历结构；设立青年教师专项科研基金，择优支持青年教师立项开题，注重和鼓励青年教师发展。

对教师进行分类管理。对教师的评价，坚持教学与科研并重。对于科学研究成果，既重视数量，更重视质量。

（三）建设有示范影响的马克思主义学院

目前全国高校马克思主义学院有 230 余家，但因各自在学科基础、院校实际、师资队伍、科研能力等方面有比较大的差异性，呈现出极不平衡的发展状况，也需要建设若干具有示范影响的马克思主义学院引领全国高校思想政治工作发展。

明确高校马克思主义学院建设的使命。一般而言，大学的使命是人才培养、科学研究、社会服务和文化传承创新。学院也是如此。马克思主义学院既具有大学里一般学院所具有的这四大使命，同时又具有许多特殊性。根据中国特色社会主义发展的要求，顺应高等教育发展的规律，高校马克思主义学院建设要成为培养合格人才的教学基地、推出科研精品的学术高地和引领社会进步的思想阵地。

强化马克思主义学院的社会担当。马克思主义学院的建设定位于研究和传播马克思主义理论，宣传马克思主义的世界观、历史观、人生观和价值观，向社会传递正能量，为国家和社会奉献思想和智慧。宣传教育不仅要面向学校，而且要面向社会，旗帜鲜明地唱响马克思主义主旋律。马克思主义学院不仅应该是高校意识形态领域工作的前沿，还应该是整个国家文化软实力建设特别是思想建设的重镇。

引领高等教育发展和人才培养的政治方向。我国的大学本质上讲是社会主义的大学，与资本主义的大学最根本的区别不在于"如何培养人"，而在于"培养什么样的人"。我国社会主义大学人才培养最根本的目标定位是立德树人，培养中国特色社会主义事业的合格建设者和可靠接班人。以马克思主义理论学科为支撑，对大学生开设思想政治理论课，开展马克思主义的思想政治教育，用马克思主义科学理论武装大学生头脑，让大学生掌握马克思主义根本的立场、观点和方法，体现了我国社会主义大学的本质特征，反映了我国高等教育发展和人才培养的政治方向。

第五章　以德施教：加强高校
教师思想政治工作

　　2014 年 5 月 4 日，习近平总书记在与北大师生代表座谈时指出，"教师要时刻铭记教书育人的使命，甘当人梯，甘当铺路石，以人格魅力引导学生心灵，以学术造诣开启学生的智慧之门。"① 2016 年 12 月，在全国高校思想政治工作会议上，习近平总书记强调，教师是人类灵魂的工程师，承担着神圣使命。传道者自己首先要明道、信道。高校教师要坚持教育者先受教育，努力成为先进思想文化的传播者、党执政的坚定支持者，更好担起学生健康成长指导者和引路人的责任。要加强师德师风建设，把教育培养和自我修养结合起来，引导广大教师以德立身、以德立学、以德施教，并向广大教师提出了"坚持教书和育人相统一，坚持言传和身教相统一，坚持潜心问道和关注社会相统一，坚持学术自由和学术规范相统一"的具体要求。2018 年 5 月 2 日，习近平总书记在考察北大

---

① 《习近平谈治国理政》，外文出版社 2014 年版，第 175 页。

时再一次强调，人才培养，关键在教师。教师队伍素质直接决定着大学办学能力和水平。并首次提出，要将师德师风作为评价教师队伍素质的"第一标准"。这就为抓好高校教师队伍建设，凝聚高校思想政治工作的强大力量，提供了行动指引。

一、做好高校教师思想政治
工作的重要意义

教师是高校实践活动的主体。大学核心职能包括教学科研，在这过程中，教师既是学生的施教者又是学术的创造者，发挥着不可替代的重要作用：人才培养中要依托教师的教学和示范来提升学生的知识、观念和能力水平，从而培养出国家、社会需要的人才；科研活动中要依赖教师的主观能动性和创造性来探索前沿领域，研发新科技，实现知识产出。可见，教师是影响高校办学水平的核心因素。正如梅贻琦先生所言"所谓大学者，非谓有大楼之谓也，有大师之谓也"。失去了教师，大学也就不成为大学了。所以抓住了教师队伍建设，就抓住了立德树人以及高校全局工作的"牛鼻子"。要培养出品德高尚的学生和具有精神引领的高校，教师的道德水平至为关键。

著名教育家启功先生的名言"学为人师，行为世范"是对教师标准的写照。要培育有德行的学生，首先要解决什么样的人来培养学生的问题。师德是教师的立身之本。高校教师对学生起着引导、示范、激励作用。他们是世界观、人生观、价值观的载体和传播者，其思想觉悟、政治立场、价值取向会通过其言传身教直接或间接地传达并影响学生。高校教师不仅从个体层面会影响学生，而且能产生群体性影响，渗透到学生思想政治教育的每一个环节，具有广泛性、普遍性和深入性。高校教师的思想政治状态某种程度上决定了高校的思想政治教育水平。所以，教师必须先"立己德"而后"树人德"①。"立己德"就是要以"德"的要求提升高校教师的精神品质，培养高校教师的师风师德，使广大高校教师心怀广博的师爱、强烈的师责和崇高的师品，以身作则、率先垂范，真正成为学生智慧的传播者和人生的领路人。"树人德"就是让学生"作为人而成为人"，不能将学生按照工具理性来培养，而是要从"人"的完满价值出发，发掘个体独有的价值，培养学生独立的人格、向善的人性和高尚的人品，使之成为德才兼备的社会主义合格建设者和可靠接班人。

二、精确把握"四个统一"的深刻内涵

习近平总书记的"四个统一"的提出，高屋建瓴、内涵深刻，前两个统一针对高校教师教学，后两个统一针对高校教师科研，为高校教师思想政治工作指明了方向指导。贯彻习近平总书记重要讲

---

① 熊晓梅：《坚持立德树人理念推进教师思想政治教育工作》，《中国高等教育》2013年第 3 期。

话精神，关键在于学精神要义和内涵实质。

（一）坚持教书和育人相统一，这是高校教师"为师"的要求

总书记指出，教师不能只做传授书本知识的教书匠，而要成为塑造学生品格、品行、品位的"大先生"。教师这个职业之所以神圣，就因为肩负着传道、授业、解惑的职责。讲好课是基础，但要把课真正讲好、把书真正教好，就必须传道。宋太祖赵匡胤曾经问赵普，天下何物最大，赵普回答说，"道理最大"。我们只有把道理给学生讲清楚、讲明白，才能帮助学生消除人生的困惑。梅贻琦先生曾说："教授责任不尽在指导学生如何读书，如何研究学问。凡能领学生做学问的教授，必能指导学生如何做人，因为求学与做人是两相关联的。"梅贻琦理想中的教授，既有教学之材，又有育人之德；梅贻琦理解的"教育"，并不是单纯的知识与技能的灌输，而是包含知识、情感、意志等因素全面发展的全人格教育。

青年大学生处在价值观形成和确立的关键阶段，也是最有活力、最有潜力却又最容易受到误导的阶段。大学的课堂上传授什么、大学的校风和学风如何，对青年大学生的价值观形成有着重要影响。"近朱者赤，近墨者黑"，正确的价值引领有助于学生健康成长，成为国家的栋梁之材；错误的价值导向有可能使学生走向歧途。我国的大学是社会主义国家的大学，坚持大学的社会主义方向，培养社会主义事业的合格建设者和可靠接班人，是国家对大学

的基本要求。① 大学作为党的青年阵地，既要讲为学之道，更要讲为人之道，要把"立德树人"的目标落实到大学的课堂上，落实到教师在大学的教学活动之中。

坚持教书和育人相统一，就要把知识教育同价值观教育、能力教育结合起来，把思想引导和价值观塑造融入每一门课的教学之中。要用自己的行动来倡导社会主义核心价值观，用学识、阅历、经验来点燃学生对真善美的向往，使社会主义核心价值观如阳光雨露，润物无声地浸润学生们的心田、转化为日常行为，增强学生的价值判断能力、价值选择能力、价值塑造能力，引领学生健康成长。

职业与责任的统一。教书是教师的职业行为，是教师的主要工作内容和方式。从前，人们经常将教师称为"教书先生"，教师自己也自称"教书匠"。可见，"教书"是最能体现教师的工作类型和性质。所谓"教书"，从字面上看，就是把书本上的知识传授给学生。当然在广义上说知识并不局限于书本知识。如果说"教书"是一项职业和工作，那么"育人"则是"教书"的功能和作用，是"教书"所承担的社会责任。"教书"的目的是"育人"，教师教书的职责也是育人。教师是千百种职业中的一个普通的职业，但承担着重要的社会责任，这就是"育人"。教书的目的是育人，功能是育人，评价标准是育人。教书的效果怎样，要看育人的效果。教书效果的衡量就是以育人为标准的。作为高校教师，育人又必须

① 骆郁廷：《大学的课堂与教师的使命》，《人民日报》2015 年 2 月 13 日。

是高标准。这就更体现了高校教师的社会责任。

教育主客体的统一。"教育"是人类社会中一种重要的对象性活动，是主体和客体即教育者和受教育者相互作用的过程和结果。从学校教育来看，教育主体是教师，客体或对象是学生，实际的教育过程就是二者的联结和互动。"教书"指的是教师方面，指教师是实施教育教学行为的主体；"育人"则体现的是学生方面，指的是学生的健康成长。"教书育人"涉及两个客体，一是"书"，二"人"。所谓"教书"，当然教的首先是书，是教师与知识的关系。教师要掌握知识，而且要传播知识，知识是客体之一。但是教育最本质的关系是人与人的关系，而不是人与物的关系。教育客体，只能是学生。"知识"或"书"是"介体"，是为育人即培养学生服务的。

知识传授与人格培育的统一。"教书"简单地说就是传播知识和技能，而"育人"则指培育学生的人格，特别是正确世界观、人生观和价值观。教书与育人的统一就是教会学生"做事"和"做人"的统一，也就是智育和德育的统一。在教育活动中，思想道德和科学文化的统一则是古往今来一切教育活动的总原则。我国的教育思想自古以来就非常强调二者的统一。从汉字"教"的构成就可以看出：它一边是"孝"，所谓百善孝为先，所体现的是品德素质；另一边是"文"，则是文化素质。习近平总书记再次强调教书与育人相统一，是对我国传统教育思想的继承和发展，但不是一般地讲二者的关系，而是更加强调教师在教书育人中的责任。教师不仅要把书教好，在职业能力上不断提高，而且要从为社会

"育人"的高度来认识和从事教书工作，担负起培养学生正确"三观"和健康人格的责任。

（二）坚持言传和身教相统一，这是高校教师"为人"的要求

在人才培养上，我们经常强调言传身教，所谓"言传"就是通过言语把教育内容和要求传递给受教育者；而身教就是通过教育者本人的行为表现向学生传递教育内容。身教不只是行教，它还包括身体语言，比如表情、体形、姿态等。言教与身教都非常重要。但相对于不同教育教学类型，重要性有所不同。对知识传播来说，言教更为重要，而对人格培养特别是德育活动来说，则身教更为重要。人类的知识积累和传递离不开语言的运用，缺少了语言就无法建构、领悟、传递知识。

在中国教育史上，第一个把师同天地君亲并称的人是荀子，但他也对什么是教师提出了严苛的要求："师术有四，而博习不与焉；尊严而惮，可以为师；耆艾而信，可以为师；诵说而不陵不犯，可以为师；知微而论，可以为师。"陶行知先生也说，教师是"千教万教，教人求真"，学生是"千学万学，学做真人"。所以教师不仅教人知识，还能以人格感化人，要以德立身、以德立学、以德施教。要让学生信服，那么老师首先就必须言行一致、表里如一，必须处处为人师表，用自己的真才实学和人格魅力在传道授业解惑中启发学生、引导学生。教师不仅要坚持"课堂讲授有纪律"，在课下、课外也要做到理性、客观，要有坚定的立场和原

则。老师的思想和言行是正的，学生也就能跟着正。如果老师自己的立身之本动摇了，自己就走偏了、走错了，那怎么可能给学生传递正能量呢？

健全人格的重要体现。一个人的言论和行为会存在一定的差异，但这种差异只要在合理的区间内，就不会导致心理学意义上的人格失调。但是，如果言行之间反差太大且始终不能达成一致，或者方向是相反的，那么是双重人格，人格上是不健全的。作为教师，当然一定要心理健康，人格健全。因此，从心理健康角度来说，言行一致是教师的底线要求。

高尚品德的必然要求。不论是思想还是品德，都必然会表现在言论和行动两个方面。他的言论应该反映其真实的思想，而他的行动又要符合自己的言论。在言语上表白自己具有高尚的思想道德并不难，难的是真正在行为上体现出高尚的思想道德。因此，衡量人的思想品德如何，主要不是看说了什么，而是看做了什么。我们要求的言行一致，是指好的言与好的行相符合。教师在课堂上讲的一般意义上都是好的，他们要求学生的也是好的思想品德，他们的这些言论要与自己的行为相一致，他们所传授和倡导的思想品德应该得到他们自己行为上的佐证。这说明，言行一致是教师职业的应有之义。

德育过程的内在要求。德育工作具有其本身的特殊性，身教的意义就更加突出。可以说，教师的身教或行教，是对其言教的验证和强化，如果缺少身教这一环，言教作用就大打折扣。这里的德育过程是一种扩大了的教育教学过程。它不限于教师在课堂上的教学，而且也把他课后的工作，甚至纯粹的个人生活都包括进来。这是培育品德与知识教学的重大区别。教师能否做到言行一致，直接影响学生对教学内容的接受，影响学生思想品德的形成。如果教师在课堂上讲的或要求学生的，他们自己首先做到，那就会对学生的思想品德形成正面的积极影响，学生也乐于接受教师所教的内容；相反，如果教师课上讲的和要求学生的与课下自己所做不一样，那么学生对教师讲的就会失去信任并难以接受教师所提出的要求。因此，从德育过程看，也要求教师做到言语与行为一致、言传与身教相符合。

（三）坚持潜心问道和关注社会相统一，这是高校教师"为知"的要求

习近平总书记说，高校教师要耐得住寂寞，坐得了冷板凳，潜心研究学问、专注教书育人。同时，高校也不能搞成世外桃源，教师不能只做书斋里的学问，要以家国情怀关注社会现实，在实践中汲取养分、丰富思想。"潜心"就是专一、执着。知识丰富、学问精湛是成为一名合格高校教师的基础。做学问是一个需要付出艰苦努力的事情，"板凳要坐十年冷，文章不著一字空"。很多老一辈学者，一辈子可能就写了一部代表作，数量上不一定多，但一出手就成为精品、经典，这种精神值得学习。

对于高校教师，特别是综合性研究型大学的教师来说，科学研究工作是十分重要的。这一方面是由现代社会对大学的要求所决定的。在现代社会中，大学不仅承担着培养专门人才的任务，也承担着知识生产和学术发展的任务。另一方面，大学教师进行科研工作也是教育教学本身的要求。大学教育具有专业性，不只是向学生传授普通知识，而且要培养学生从事科学研究的能力。这就需要高校教师同时也是学者和科学家，必须具备科学研究的能力。他们不仅能吸取和运用人类已经积累起来的知识，而且还要向未知领域探索，形成新的知识。

从事科学研究，钻研教育教学规律，必须潜心向学、专心一致。这既是学术研究的必然要求，也是当前现实的迫切需要。学术研究要求扎扎实实、老老实实，来不得半点虚伪和骄傲，必须全神贯注、艰苦探索才能有所收获。这本来是十分普通的道理，但在今天对某些教师来说却成了一件很困难的事情。因为社会的急剧发展以及多样性变化，人心容易变得浮躁，一些高校教师坐不下来、静不下来，无法潜心治学，这是当前教师队伍建设必须解决的重大问题。习近平总书记提出"潜心问道"对于教师和教育管理者都具有指导意义。一方面，教师要在市场经济的各种利益诱惑面前保持定力，潜心向学，静心求道；另一方面，教育管理部门和学校要为教师"潜心问道"创造条件，使他们免受各种不必要的干扰。

但是，"潜心问道"并不是不关心社会、不关心现实。潜心问道只有在关注社会中才能可持续发展。爱因斯坦说过："学者必须了解人类的渴望、理想，以及痛苦，这样才能在群体与社会当中找到安身立命之所。"潜心问道决不是坐而论道，要问道，就应该具有实干的精神。教师要面向现实、走进社会，要为人民、为国家而做学问，要向实践求真理，提出有实用价值的自主创新思想和观点，要具有强烈的社会责任感和使命感，密切关注社会，以天下苍生为己任。学者不仅是个体的人，而且是社会的人，关注现实生活、为社会服务便成为学者的重要职责①。费希特指出，学者的使命主要是为社会服务，为社会而存在②。学者掌握知识不是为了自己，而是为了人类的进步事业，使人类不要停顿和倒退。学者为社会服务并不是狭义的学以致用，而是要向社会指明真理，通过传授技能和传播知识达到服务社会的目的。

（四）坚持学术自由和学术规范相统一，这是高校教师"为学"的要求

学术研究就是通过探索那些没有定论和未知的领域而得到一些人们所预料不到的结论。从事学术研究，就需要有学术自由。所谓学术自由就是学者有自由地从事学术活动的空间，而不受外在的强制。如果没有一定的自由研究空间，学术活动就不可能开展，也不可能正常进行。特别是近现代以来，学术研究日益成为相对独立的行业和职业，并在社会进步和发展中起着越来越重要的作用。对于日益正规化且规模不断扩大的学术领域，应该有其存在的自由空间。当前，新形势下国家大力推进学术创新，必须大力促进和保证高校和科学机构的学术自由，自由探索正是创新的基本条件，如果没有一定的自由空间，就不可能有学术创新。

---

① 朱为鸿：《社会转型期中国人文学者的社会责任》，《长春工业大学学报（高教研究版）》2007年第2期。

② 费希特：《论学者的使命人的使命》，梁志学、沈真译，商务印书馆2008年版，第43页。

同时，正像任何自由都不是无限的一样，学术自由也是如此。现实世界中的自由总是在一定的前提和基础上才能实现的。当前，较多的学者关注和呼吁学术自由，却鲜有人重视对学术自由的规范。而事实上，自由作为一种权利，同时也意味着一种责任，学术自由也有其边界，在边界范围内的活动是受到支持和鼓励的，超越边界的行为则要受到惩罚和约束。①

学术自身的约束。学术研究的过程是一条力于求真的学问路径，其假设、手段、方法和路径都要按照内在逻辑和规则进行，否则就不能对研究对象给予真实、合理可靠的解释，失去学术的意义。因此，无论是研究者、学习者还是管理者，都要树立实事求是的学术精神，遵守科学严谨的学术规范。学术规范并不是对学术自由的限制，而是有力的保证。只有大家都遵守学术规范，社会的学术活动才能有序地进行。这就要求在学术活动中遵守学术各领域的技术性规定。这是根据每一种不同的学术而形成的技术规范和相关要求。本领域中的学者只有遵守这些技术约定，才能形成相互交流的共同语言，减少不必要的精力浪费。

道德伦理的约束。学术研究或教育教学也不得违背社会的公序良俗与本身的专业伦理。正如美国学者希尔斯所指出的："学术自由不能扩展到违背公认的道德规范的活动。"② 学术研究及教学内容不得超出学科研究领域或偏离学科职责。希尔斯认为，严格意义

---

① 何生根、周慧：《论学术自由的法律界限》，《法律科学（西北政法学院学报）》2007年第2期。

② 爱德华·希尔斯：《学术的秩序》，李家永译，商务印书馆2007年版，第282页。

上的学术自由，不是学者随心所欲地做任何事、说任何想说的话的自由，而是做学术之事的自由，即通过长期而深入的研究发现是真理的思想，并与同事们自由地讨论这些思想，将那些经过系统方法研究和缜密分析得出的真理付之出版。[①] 学术研究能做什么，不能做什么，必须遵从学术伦理和学术道德。学术道德不仅是学术共同体为了正常开展学术活动和促进学术发展而形成的一种社会关系规范。这种规范不仅包括学者之间的人际关系，而且也包括学术与社会的关系，包括学术研究的基本价值观。它要求学者的学术活动有利于探索真理，有利于社会的进步和发展，有利于人本身的成长进步。同时，要求每个学者都要尊重彼此的劳动权利和成果，不能剽窃他人劳动成果，侵犯他人学术权益。

政治底线的约束。大学教师具有科研工作者和教书育人者的双重身份。大学教师在科研领域享有充分的学术自由，但大学教师同时肩负执行党的教育方针、国家的法律法规以及大学章程的规定的使命和责任，因此要在党纪国法的界限内从事教学活动。三尺讲台有方圆，学术自由不等同于教学自由，学术研究以真理为目的，课堂教学则以育人为目的，因此，课堂教学要讲对象、讲方法，严守政治底线。教师的教学不能以偏概全、一叶障目，以个人的主观好恶随意讲授，甚至违背现实、肆意抹黑、宣泄不满，导致学生对现实产生误解。学术问题可以留在学术研究领域百家争鸣，但学术成果如何使用要有规范，学术观点如何讲授也要有规范。

---

① 爱德华·希尔斯：《学术的秩序》，李家永译，商务印书馆 2007 年版，第 280 页。

三、开展高校教师思想政治工作的有效途径

高校的立德树人工作，要牢牢把握教师这个关键节点。要把习近平总书记的"四个统一"要求，融入到教师工作的方方面面。

（一）提高教师职业素质水平，践行"教书与育人相统一"

习近平总书记说："一个优秀的老师，应该是'经师'和'人师'的统一，既要精于'授业'、'解惑'，更要以'传道'为责任和使命。"[①] 职业素质是高校教师的基本要求，教师的个人水平再高，如果连书都教不好，或者能教好不愿意教好，就谈不上育人。应该考虑三个方面的举措。

加强教师能力培训的机制建设。机构上可以考虑成立教师发展中心。在教育技术、教育手段和教育方法上提升教师的业务能力，促进教师更新教学观念，增强育人本领，满足教学育人活动个性化专业发展的需要，满足学生多样化发展的需求；推动教学改革，鼓励和帮助教师在教学过程中进行教学创新，积极探索培养高素质创新人才的有效办法和途径；开展教学研究，重点研究青年成长的规律性特点，重点把握育人手段的科学性和规律性。

加强教师职业行为规范。出台兼职管理办法，建立和完善激励

---

① 习近平：《做党和人民满意的好老师：同北京师范大学师生代表座谈时的讲话》，人民出版社 2014 年版，第 5 页。

机制和惩处办法，引导院系和教师将更多精力放在学科建设和人才培养等核心业务上来。强化学校教学指导委员会在教学工作中的审议、评议、指导和咨询职能，建立健全院系教学指导委员会、强化院系教学委员会在教师聘任和评估晋升方面的审议权。如北京大学2016 年就出台制定了《北京大学教研系列教师校外兼职管理试行办法》。

（二）加强师德师风建设，践行"言传与身教相统一"

习近平总书记讲："师德是深厚的知识修养和文化品位的体现。师德需要教育培养，更需要老师自我修养。做一个高尚的人、纯粹的人、脱离了低级趣味的人，应该是每一个老师的不懈追求和行为常态。"① 任何时候，师德师风建设不能松懈。

改革教师评价激励体系。要正确处理教学与科研的关系，在业务考核、职称评审和晋升、评选表彰等制度设计上充分考虑教育教学的工作量和质量，切实扭转重科研、轻教学的错误观念和做法。在教师年度考核、聘期考核、综合评价、专项岗位聘任考核的规定中严格教师职称评审的相关程序与环节，把思想政治和师德师风表现作为专业技术职务评聘的重要内容，强化院系党委对教师的师德师风、政治素质、政治态度和品德作风进行全面考察和评估，坚决实行师德"一票否决"制度。

创新师德师风宣传方式。大力选树和宣传师德典型，激发立德

---

① 习近平：《做党和人民满意的好老师：同北京师范大学师生代表座谈时的讲话》，人民出版社 2014 年版，第 5 页。

树人、为人师表的荣誉感和责任感。例如，北京大学就推出和宣传了王选、孟二冬等全国性师德先进典型，专门设立了作为北大教师最高荣誉和终身成就奖的"蔡元培奖"，在校园内大力倡导了学为人师、行为世范的师德师风教风和清除赝品、拒绝平庸的学风。

（三）引导教师求真务实、服务家国，践行"潜心问道与关注社会相统一"

习近平总书记在谈到如何"扎实办好中国特色社会主义高校"时，强调了一个重要思想：我国高等教育发展方向要同我国发展的现实目标和未来方向紧密联系在一起，坚持"为人民服务，为中国共产党治国理政服务，为巩固和发展中国特色社会主义制度服务，为改革开放和社会主义现代化建设服务"。

要鼓励个人研究与国家、社会需求挂钩。围绕党和国家重大理论问题和现实问题，加强顶层设计，鼓励教师专心研究中国特色社会主义理论体系，推出高质量的成果。加强基础学科与交叉学科建设，重视发展具有重要文化价值和传承意义的"绝学"、冷门学科，通过平台建设，促进学科间的交叉融合，实现重点领域的突破。

要搭建教师服务国家社会平台。要强化与地方党政机关以及民间机构的深度合作，将教师凝聚为整体，迸发出更大活力，从而推动智库在重大现实与理论研究方面取得重大突破，

建立"扎根中国大地"的人才评价体系。要鼓励潜心研究，不能一味被国外学术标准牵着走。要坚持以我为主，正确处理好中

国特色与世界一流的关系，在同行评议中取消海外专家比例的统一要求。坚持政治标准和学术标准相统一，建立健全具有中国特色哲学社会科学各学科学术评价标准和体系，确保正确的政治方向、价值取向、学术导向。进一步完善强化代表作制度，加强质量第一的评价导向。

不断增强教师的服务国家、社会的责任意识。结合国际国内的新形势、新变化，以及党和国家的新方针、新政策，积极在教师中开展党情、国情、世情、社情教育；建设并利用好校内舆论宣传阵地，抓住重大节日、纪念日、重大事件时间节点，有针对性地开展主题教育活动；通过参观考察、社会调研、挂职锻炼、交流任职、对外合作等多种途径，创造条件鼓励教师走出校门、投身社会、深入实际，融入国家社会改革发展的大潮。

（四）严格学术要求底线，践行"学术自由与学术规范相统一"

《礼记·学记》有云："师严然后道尊，道尊然后民知敬学。"学术道德自律是高校教师治学的起码要求，是根治学术不端的基础。教师在学术研究上享有学术自由，但应该把握好政治底线和学术规范底线，不能触及。

要强化政治意识。要通过党校轮训、专题报告会、辅导讲座、中心组学习、党支部组织生活等载体，引导教师加强政治理论学习，重点抓好党员干部、学科带头人和中青年骨干教师的学习。把社会主义核心价值观宣传教育贯穿于教师思想政治工作全过程，全面提高教师思想政治素质，增强抵制各种错误思潮侵蚀的能力。

要强化学术规范。要敦促教师自觉学习国家和学校所颁布的学术规范文件，并学以致用，自觉加强学术规范训练，逐渐提高对规范的认知程度，在学术研究中做到自觉自律。注重营造遵守学术规范的良好氛围，定期公布学术道德失范事件，形成无形的威慑力，净化学术空气。在学术评价过程中，应将个人学术道德情况作为重要考核指标，有违反学术道德者坚决否决，并且严格执行双向匿名的评审制度。要建立广泛的监督机制，充分发挥学术委员会的作用，构建"学生—教师—社会"多方位的监督举报机制，对于违背学术道德规范的个人加大惩处力度。

第六章 与时俱进：适应思想
政治工作的新局面

"做好高校思想政治工作，要因事而化、因时而进、因势而新。"思想政治工作的良好有序开展，离不开对社会、时代变迁态势的洞察与把握，以及对其中涌现的新手段、新技术的及时吸收。面对价值多元、信息裂变、新媒体发展等时代变化，做好高校的思想政治工作，比以往任何时候都有更大的挑战，也更加需要创新方式方法——既要坚定政治立场，也要深刻把握时代脉搏的变迁。因此，运用新媒体新技术，创新实践育人工作机制，推进高校思想政治工作改革创新，让高校思想政治工作强起来、活起来，是高校必须解决好的重大问题。

一、加强互联网思想政治工作载体建设

互联网时代对我国高校的思想政治教育提出了新的要求。中共

中央国务院印发的《关于加强和改进新形势下高校思想政治工作的意见》中指出："要加强互联网思想政治工作载体建设，加强学生互动社区、主题教育网站、专业学术网站和'两微一端'建设，运用大学生喜欢的表达方式开展思想政治教育。"

对此，下面将从互联网背景下开展思想政治工作的举措、创新与意义等方面出发，就新时期高校如何以创新形式加强思想政治工作加以探析。

（一）跳出高校看高校："互联网+"思想政治工作是时代要求

思想政治工作是我们党和社会主义国家的重要政治优势，是教育、组织和动员广大群众为实现自身利益而奋斗的强大武器。我们党历来高度重视思想政治工作。当前，我们国家已经进入到了一个崭新的发展阶段，迈上了实现中华民族伟大复兴的新征程。随着发展的不断深入，社会利益格局重新调整，国内外环境发生了深刻演变，不同意识间的思想碰撞更加激烈。这些新情况都给我们开展思想政治工作带来了新挑战。

习近平同志在全国高校思想政治工作会议上指出，要运用新媒体新技术使工作活起来，推动思想政治工作传统优势同信息技术高度融合，增强时代感和吸引力。如何运用互联网等新媒体、新技术加强和创新高校思想政治工作，使之富有时代活力、更好立德树人，这是高校思想政治工作面临的新课题。

网络信息技术的迅猛发展，为思想政治工作的开展提供了现代化手段，拓展了存储空间和传输渠道。以互联网为代表的新媒体已经成为传播的重要平台，人们通过新媒体表达情感、情绪、意愿和意见，更加速了舆论传播的速度，极大地增强了其影响力。① 一方面，互联网突破了课堂、高校、求知的传统界限，对学生的影响越来越大。对于作为网络"原住民"的新一代青年大学生而言，新媒体崛起所带来的信息交互和裂变，让他们获取信息的途径和表达空间更加宽广。另一方面，意识形态领域许多新情况和新问题也经常因网而生、因网而增，许多错误的思潮都以网络为载体进行扩散。因此，我们要主动占领网络思想政治教育新阵地，要全面加强校园网的建设，使网络成为弘扬主旋律、开展思想政治教育的重要手段。

首先，要利用校园网为大学生学习、生活提供服务，对大学生进行教育和引导，不断拓展大学生思想政治教育的渠道和空间，积极开展生动活泼的网络思想政治教育活动，形成网上网下思想政治教育的合力。其次，也要密切关注网上动态，了解大学生思想状况，加强同大学生的沟通与交流，及时回答和解决大学生提出的问题。最后，要运用技术、行政和法律手段，加强校园网的管理，严防各种有害信息在网上传播。我们应在尊重网络思想政治教育工作普遍规律的基础上，创新工作内容、教育载体和互动机制，以此形成网络思想政治教育工作体系，牢牢把握网络思想政治教育主动权，真正让高校思想政治工作活起来。

---

① 谢新洲等：《互联网等新媒体对社会舆论影响与利用研究》，经济科学出版社 2013 年版，第 1 页。

（二）让思想政治工作活起来：互联网是重要阵地

第一，互联网的性质及其传播的特殊性。

互联网最大的特点就是以数字化、网络化、信息化为标志的新的生存状态以及以交互性、虚拟性、创新性为标志的新社会运作模式，形成了以多边性、全时性、共享性为标志的机制特质。① 以网络为代表的新媒体传播与传统传播形式相比，吸纳了以往其他媒介的特征，带来的是一种交互性的、扁平的和复杂的开放模式，具有覆盖范围广、信息量大、传播速度快、虚拟性强、互动性高的鲜明特点，网络新媒体可以展示文本、图片、动态图片、声频、视频，以更加丰富、生动的形式展现信息内容，其表现力也大大超过其他媒介形式。同时，它改变了以受众为中心的效果模式，进而带来的是以传—受关系为中心的效果模式，在这个关系中没有了中心，有的只是用户之间的共同的创造—传递—使用信息和内容的关系，因此这种传播的效果会带来新的变化。②

第二，互联网在思想政治工作中的作用。

考察互联网对社会的影响，不仅从互联网本身的特性出发，也要从社会现状和人类活动出发，最终落脚到互联网与社会的互动联系。③ 互联网与思想政治工作也是如此，互联网对高校的影响已经

---

① 刘莉萍：《思想政治教育的网络载体研究》，武汉大学硕士学位论文，2005 年。
② 谢新洲等：《互联网等新媒体对社会舆论影响与利用研究》，经济科学出版社 2013 年版，第 58 页。
③ William H.Melody.*Human Capital in Information Economies*，New Media & Society，1999，Vol.1（1）.

渗透到方方面面，在这个互动过程中，互联网对思想政治工作开展方式、受众及传播活动本身都会产生一定的影响。

网络的传播内容形式丰富。网络信息的可复制性、可共享性可以方便受众快速地将有关思想政治工作的讲座、视频资料等宣传内容通过网络传播出去，使网络成为重要的舆论阵地和信息集散地，从而可以打破思想政治工作的时空限制，扩大工作范围，有利于工作的深入开展。

网络的传播载体形式多样。网络在保持传统思想政治工作信息传输渠道的基础上，利用新媒体，通过移动客户端、微信、微博等渠道，把传统传输渠道和新渠道有机融合起来，传输思想政治工作信息，使思想政治工作的传播范围更广、速度更快、容量更大、效益更高，产生多方位和深层次的影响。

网络的传播效果不同于传统媒体。通过网络这个渠道，把思想政治工作转化为声音、图像、动画、视频等表现手段，把历史和现实，生动的事实形象和视频资料立体地展现在受教育对象面前，能够使思想政治工作产生声像并茂、情景交融、教化得体而"润物细无声"的效果。通过有效地运用网络阵地，开展多种形式的思想政治教育工作，也能够激发受教育者的兴趣，有利于在创新中不断探索，发现新问题、提出新方法。

因此，高校在思想政治工作中要打造理论主阵地和网络新阵地的统筹的新平台，要形成网上网下相互呼应的思想政治教育工程，要既能进行网下说理性教学，也能进行网上图文式展示，又能进行线上线下的联合解说。唯有在良性互动当中，双方才能有效吸收思想内涵和效果反馈，从而获得彼此都满意的交流。①

（三）春风化雨，润物无声：新媒体在思想政治工作中的应用

1. 以互联网为载体开展思想政治工作，机遇与挑战并存

一方面，网络载体的特征有助其在思想政治工作中发挥优势。

网络载体具有多样性、实时性、开放性、隐蔽性和交互性等特征，在传播上具有无可比拟的优势，这种优势也可以运用到思想政治教育工作中。网络载体改革了传统思想政治教育的模式，大大调动了学生学习和参与的积极性。它具备明确的导向性作用，如信念理想和行为规范等；网络载体也拓展了思想政治教育的内容，教育者通过访问网络载体所展现的教育信息，不自觉地受到影响和感化；网络载体的运用，拓宽了思想政治教育的应用空间，能够使思想政治教育在更广阔的范围内、更多的时间内开展，也使受教育者不受地域和时间的限制，接受思想政治教育；网络也有利于被教育者讲真话，在传统的思想政治教育中，有些被教育者出于某些个人原因和集体利益考虑，不愿意讲真话。而网络的匿名特征，双方之间不知道彼此的身份，不用担心因为讲了真话而带来的后果，这样就有利于思想政治工作者了解工作对象的真实想法。

另一方面，网络载体也为思想政治工作带来了挑战。

从信息接受角度来看，在繁杂的信息网络中，存在数量巨大的

---

① 赵萍凌：《高校思政工作要有"三种观念"》，中国文明网，2016年12月8日。

虚假消息。同时，传统文化的精神不仅没有很好地将网络文化纳入其中，相反，还因受网络文化的匿名性、工具化侵蚀而发生了某种道德的失范和滑坡。

从社会关系方面来看，一方面，网络的虚拟性、开放性和互动性突破了人们交往的限制，拓展了现实社会人际交往的范围，形成了更大规模的交际圈；另一方面，过度地关注网络也导致了现实社会中的道德冷漠现象以及利用网络进行犯罪行为等道德失范的现象。

因此，互联网载体带来的机遇和挑战，都对思想政治工作者提出了更高的标准，新时代的思想政治工作者既要有扎实的理论基础，又能熟练地掌握网络技术，具有丰富的实践经验。因此，在当前新媒体背景下，高校需要一支熟悉思想政治教育，既有较高政治理论水平，又了解网络文化特点，掌握一定网络技术，能够熟练在网络上开展思想政治教育工作的队伍。

2. 广泛积累经验，有效加强思想政治工作网络载体建设

（1）北京大学在加强互联网思想政治工作方面的实践

为响应新形势、新局面下国家建设网络思想政治教育工作的号召，北京大学多年来一直在探索一条既能发挥自身优势又具有科学性、实用性的道路，并不断创新发展。

从2014年开始，北京大学陆续成立"北京大学网络文化建设与思想政治教育工作领导小组""北京大学青年网络发展协会""北京大学新青年网络文化工作室"等多个围绕网络思想政治工作建设的组织，负责统筹协调全校网络文化建设和网络思想政治教育

专项工作。在这些组织的统筹下，学校开展了"才斋讲堂""教授茶座""新青年·享阅读"读书沙龙等活动，开设公选课"大学生发展综合素养"，通过"网络舆情研究与青年工作创新"系列专题培训、《北大青年研究》杂志等平台灵活运用各种网络媒介开展教育。"北大未名 BBS"、北京大学官方微博在影响力、活跃度、传播力、覆盖度、粉丝数等多项指标上，位居十大高校媒体微博之首。"PKU Helper"是在北京大学网教办指导下学生自主开发、自主运营的移动客户端，基本实现了对本科生的全覆盖。该 APP 将校园无线 Wi-Fi 接入、课程表与成绩同步查看、讲座通知、未名 BBS 等全方位信息服务融为一体，为网络思想政治教育目标的同时实现提供了全新阵地。

在开展了多项实践的同时，北京大学也在不断思考与创新，从学生需求出发，根据学生群体的自身特点，提出了推动课内课外互融共生、形成线上线下建设合力、引导新型青年自组织发展、统筹校园网络文化建设的要求和目标。

（2）国内其他高校开展互联网思想政治工作的新实践

在新形势下，许多高校都在积极探索互联网思想政治工作的方法。在已有的实践中，高校成功地更新了思想教育的观念，充实了高校思想政治教育的内容和手段，丰富了其数量和表现形式。

华南师范大学贴近大学生思想特点和实际需求，打造了基于互联网的访谈分享类品牌活动"青春演播厅"。学校组建青年志愿者网络工作坊，利用互联网和大数据技术有效汇集梳理大学生群体思想动态，有针对性地确定选题，并由学生"海投"选定嘉宾。在过程中，充分运用互联网开展思想政治工作的新模式，搭建开放平等互动的交流平台，把思想政治教育工作融入到大学生学习生活之中。在节目预告期，通过线上微电影、漫画、网络对话体等发布信息，让感兴趣的师生以点赞、朋友圈转载评论等方式报名参与。录播前，受邀嘉宾参与创编团队策划，寻找最佳"感性素材"，并结合预告期的网上反映，调整演播方案，力求找准与青年学生的共鸣点。在录制现场，作为嘉宾的 70 后、80 后"大青年"从不同角度讲述鲜活生动感人的故事，与 90 后、00 后"小青年"开展对话，面对面地分享经历、解疑释惑，引导学生知国情、明是非、长才干、作贡献。除现场互动外，组织者还通过"全互动传播"和"全时传播"，实时报道场内对话信息，发动网上同步参与，使学校师生能够联系实际进行充分交流。①

安徽大学在探索互联网思想政治工作的新路径上也开辟了不少阵地。学校开创了"新媒体联盟"，共有 34 家理事单位，270 家新媒体加入；并建立各机构官方微信、微博、QQ 群，发布信息，受众广泛。同时，又在教学中采用了网络教学的手段，鼓励辅导员用新媒体方式开展工作，使思想政治工作更贴近学生需求，增强其针对性。

上海交通大学思想政治工作的重点在于统筹、加强全校师生网络素养教育工作。学校通过采用中心组学习、书记院长媒介专题研修、专家媒介素养培训班、形势与政策示范课程等手段，努力提升

---

① 《以互联网为载体创新大学生思想政治教育——华南师范大学探索打造"青春演播厅"》，《教育部简报》2016 年第 24 期。

校领导、二级院系及单位负责人、专业教师、大学生等不同群体的网络素养水平；将网络素养教育作为专业教师和辅导员入职教育的重要内容，并纳入新生入学教育环节；建立 22 个大学生网络德育工作室和交通、财经、新闻传播等 6 个舆情观察室，在校院两级培育建设博闻研微、益友报等 18 个有质量、有影响的大学生网络文化工作室，推出南洋微评、青春足迹等一批有黏度有温度的网络文化项目，强化学生群体的自我教育。此外，还通过推动院系、学生社团等组织开展形式多样、内容丰富的主题活动，全面提高师生的校园网络文明素养。①

（3）互联网在思想政治工作实践应用中存在的问题

第一，网络上充斥着西方资产阶级意识形态以及色情、暴力等垃圾信息，可能对高校思想政治教育的开展产生不利影响。一方面，以美国为首的西方国家有意借网络作为推行强权政治的手段，不断推行其价值标准与意识形态，扼杀世界文化多样性；另一方面，由于网络监管客观上存在不小难度，网络作为便捷的通信手段，为有益的信息流通提供便利的同时，也成为垃圾信息快速传播的渠道。

第二，从整体来看，部分教育主体存在着网络知识不足、网络素养较差等问题，导致其利用网络进行思想交流的能力较弱、参与网络思想政治教育实践的积极性不足。

第三，以大学生群体为主的教育客体正处于世界观、人生观、

---

① 《上海交通大学着力推进网络思想政治工作》，http://www.moe.edu.cn，2017 年 3 月 14 日。

价值观尚待发展完善的阶段。暴露在网络中充斥的种种诱惑面前，不够坚定的理想信念与孱弱的道德感，使得部分教育客体难以抵御不良信息的干扰。

第四，在高校思想政治教育网络载体的建设方面，目前高校思想政治教育网站普遍存在着建设不完善、数量不多、联合不广的问题，直接导致了部分网站的人气不足、影响力小，没有达到理想的宣传与教育效果。[①]

（四）创新推动发展：加强高校网络思想政治工作的举措

第一，要主动抢占思想政治教育的网络阵地。

高校要以开放的心态应对互联网带来的挑战，培养建设一批坚持正确导向，能体现出兼容并蓄的时代精神，集思想性、教育性和多样性于一体，为大学生乃至社会广大网民喜闻乐见的传播平台。办好思想政治教育的网络传播平台，一定要体现出导向性原则。针对一些事关政治方向的敏感性问题，需要有明确的声音，给人以正确的引导。当然这种正面的声音应该是入情入理、润物细无声的，切忌生硬地说教和简单地贴政治标签。

第二，要不断更新思想政治教育的网络信息。

在内容设置上，既要有精神上的陶冶，也要有对学习和生活切实的服务，在形式上，要做到图文并茂，形式活泼。也要突出网络教育的交互性、平等性，做到既能贴近实际、贴近生活、贴近学生

---

① 孙兆静：《高校思想政治教育网络载体的运行现状及建设对策研究》，西南大学硕士学位论文，2008 年。

的实际需求，还可以针对国家大事和社会热点问题，网络管理者可以主动设置一系列议题，通过网络来进行讨论。

第三，要及时充实思想政治教育的网络人才。

高校要培养出一批高素质的思想政治工作者，而且要能熟悉利用网络开展工作，能解决网络传播中出现的问题，能够开发具有吸引力和教育效果的 APP 和网站，从而使思想政治教育形式生动活泼，收到更好的效果。同时，还要有敏锐的政治鉴别力、判断力和应变能力，能够以快速的思维迅速地发现问题，敏捷地行动，及时准确地开展思想政治教育工作。

第四，要加强网络舆情分析、引导与管理的能力。

高校要有敏锐的舆情收集和分析能力，提高舆情分析的实效性，加强对网上舆情的关注研究，形成统一协调、高效畅通的网上舆情收集反馈机制。同时，通过立法手段和网络技术手段实现对网络舆论的有效引导和管理。这样既有利于建立畅通的信息沟通渠道，有效化解潜在的矛盾及隐患，也有利于提高工作的针对性、准确性和有效性。

二、在服务中加强思想教育

高校思想政治教育在新形势下的积极推进，需要在巩固、借助课堂、教学活动等主场所、主渠道的基础上，进一步拓宽与延伸施加积极影响的手段与路径。长期以来，服务活动之于高校运作、发展的重要性一直鲜为高校管理所注重，而其所具有的独特的潜移默化功能，使它具备了成为新时期高校思想政治教育创新着力点的品质。注重服务育人，是对传统思想政治教育模式中以对学生施与自上而下的"管理"作为主要手段的有力突破，有助于大学朝高度依赖人的主观能动性的现代化方向蜕变。

高校思想政治工作也必须着眼于人、落脚于人，强化思想教育和价值引领，努力在教育中实现提升，在服务中强化引导。要在服务引导中加强思想教育，把解决思想问题与解决实际问题结合起来，做到既讲道理又办实事。比如，加强大学生学业就业指导，帮助大学生顺利完成学业；加强人文关怀和心理疏导，促进大学生身心和人格健康发展；加强对家庭经济困难学生的资助工作；积极帮助解决教师的合理诉求等。高校要把学生的思想政治教育，贯穿在教育的全过程，落实在教学管理的实处以及后勤服务等学校发展的各个环节上。

（一）脚踏实地，服务育人：在服务中加强教育是高校思想政治工作的必然要求

高校作为大学生学习与生活的主要场所，为全方位推进大学生思想政治教育提供了渠道与便利。服务育人要求高校要把思想政治教育贯彻到教学、科研、管理、后勤保障等各个方面、各个环节中，以先进价值观与道德规范为学生的人格发展树立正确的方向，以优质服务与热情态度为学生的智识进步提供充足的物质保障。实践证明，在高校各项工作中加强思想政治教育的建设与渗透，因贴近生活而易产生潜移默化、润物无声的影响①。

因此，高校思想政治工作必须坚持立德树人，强化思想教育和价值引领，努力在服务中强化引导，在教育中实现提升。从教师角度来说，高校教师要以德立身、以德立学、以德施教，担当起学生健康成长的指导者和引路人的责任，加强师德师风建设，真正做到坚持教书和育人相统一、言传和身教相统一、潜心问道和关注社会相统一、学术自由和学术规范相统一，努力成为先进思想文化的传播者和党执政的坚定支持者。从学生角度来说，要引导他们铸就理想信念、掌握科学知识、锤炼高尚品格，成为德才兼备、全面发展的人才，要教育引导青年学生强化政治认同，理性辩证地看问题，认清责任使命，把个人理想追求融入国家和民族的事业中。

提高思想教育的效率，需要思想教育主体不断结合社会实际，利用、创造新的思想教育方式和手段。高校作为以青年为主要教育对象的思想教育重要阵地，需要充分结合受众的特质以及他们所处的社会环境进行思想教育途径创新。"在服务中加强思想教育"，在当下的语境即是指包括了大学生人格与心理指导、就业指导、家庭经济困难学生教育以及让高校教师充分表达诉求等内容在内的一系列工作。在服务中加强思想教育，一方面能够就特定群体在高校学习、工作、生活的过程中面临的一系列问题作出积极回应，予以具有针对性的解决方案；另一方面，又可以在这个过程中"润物细无声"地完成思想政治教育任务，帮助教育对象树立起正确的

---

① 高斌、类延旭、方仲奇：《新时期高校服务育人路径的思考》，《学校党建与思想教育》2009 年第 10 期。

世界观、人生观与价值观，积累丰富的实践经验，培育崇高的精神理想，积极应对人生挑战。

（二）行知合一，立德树人：在服务中加强思想教育的思考及尝试

1. 在服务中加强思想教育，首先需要做好目标定位

第一，帮助教育对象树立正确的世界观、人生观、价值观。

思想决定行动。在服务中加强思想教育，同样离不开正确的世界观、人生观、价值观作为方向性的指导。"一年之计，莫如树谷；十年之计，莫如树木；终身之计，莫如树人。"[①] 树立正确的"三观"，将使学生终身受益，这是高校教育的重要目标，也是学生实现个人价值和社会价值的根本要求。本·富兰克林曾说："对于公众的利益而言，没有什么比培养年青一代的智慧和美德更重要的了。"对于学生而言，加强心理素质建设，有利于其在工作、学习中锐意进取，积极创新，不断应对挑战；加强职业道德教育，使其告别学校、走入社会后，既能保有职业道德操守，又能够适应社会与时代的发展和需要，尽快完成心态与角色上的转变。另外，对于家庭经济确有困难的学生，除了提供物质方面的援助，更要重视德育与心理疏导。

第二，在服务中渗透人文关怀。

思想教育之所以要体现人文关怀风格，就在于人文关怀反映了

---

① 《管子·权修》。

对人以及人类本身生存与发展状态的关注，有利于促进人全面、和谐、充分、自由的发展。① 这样一种把思想教育对象放在教育活动中心位置的做法，既体现了对受教育对象主体性的尊重，也符合个体之间关系走向平等的趋势，有助于激发受教育对象参与到教育活动中的积极性，也使思想教育的内容更富人性化，实践更具有可操作性。除了加强与学生的平等交流，建构师生和谐交流机制之外，还要注重对学生的心理疏导，建构心理危机干预和宣泄缓释的合理机制，把思想教育、心理疏导和心理教育结合起来，全方位地实现对学生的服务引导和人文关怀。

第三，要对服务教育方式进行创新，培育多种渠道。

在服务中加强思想政治教育，需要打开思路，因时而异，因事而变，做到"不慕古，不留今，与时变，与俗化。"② 在实践中不断探索创新，做到理论与实践相结合，灵活地将各项举措融入到学校的日常教学工作当中。

加强国情与职业教育。在自主择业的就业制度框架下，当前高校就业指导活动所提供的就业信息的片面性、学生对就业期望值普遍偏高，是导致毕业生就业供求不平衡、"就业难"问题的重要原因之一。对此，高校在就业指导活动中如能加强国情与形势教育，促使学生对国家、集体与个人关系形成客观全面的认识，从而减轻就业信息不平衡的程度，不但有利于拓展毕业生就业方向，缓解毕业生的就业难度，也有利于实现人才资源的合理配置，带动经济社

---

① 周春生：《论文艺复兴时期的人文主义个体精神》，《学海》2008年第1期。
② 《管子·正世》。

会的良性发展。

　　加强校园文化建设。校园文化是学校隐性教育的一个综合展现，它有着默默导向、自觉规范师生行为的作用。校园文化建设，即是注重加强规范准则、生活方式、行为模式和价值体系等方面引导，进行校园物质文化、校园制度文化、校园行为文化和校园精神文化的多维度建设，从而产生潜移默化的育人效果。高校在进行思想政治教育工作时，应当要注重发挥校园作为高校教师教学、工作，学生学习、生活的主要场所的作用，形成良好的校园氛围。

　　建构学生管理模式。学生是高校思想政治工作的主要对象，因此，要良好开展思想政治工作，必须充分地发挥学生的主体性，尊重学生的权利、人格和需求，充分发挥学生的潜能，激发出学生的积极性和创造性，让学生积极主动地投入到思想政治教育的活动中。

　　2. 在服务中做好思想政治教育，部分高校已开展工作实践

　　提出在服务中加强思想教育的工作方针后，全国各地的高校纷纷开展了相应的建设活动。以武汉大学为例，"一站式学生事务与发展中心建设"成为了武汉大学当前思想政治教育的工作重点。其创新性体现在三个方面：一是工作理念由"以管理为中心"向"以服务为中心"转变；二是工作设计由"方便管理者"向"方便学生"转变；三是工作模式由"同质性要求、控制性规划"向"回应学生个性化发展诉求"转变。这充分体现了多种方式创新、学生中心地位、人文主义色彩浓厚等新型思想教育工作特色。

　　华东师范大学为了更好地开展思想政治教育，成立学生工作党

委，形成学生工作部、学生资助管理中心、学生心理健康教育与咨询中心、学生就业创业指导服务中心的"一部三中心"格局，重视学生所需，贴近学生所求。学校开展了各式各样的培训、组织志愿服务活动，充分建立学生的主体地位，强化形势与政策教育、就业指导、社会主义核心价值观等多门课程，同时，还加强学习园区、宿舍园区的建设，打造更优质、更有特色的学习、生活环境，让学生在校园中找到归属感。

3. 在服务中做好思想政治教育，北京大学承担着思想政治教育改革先行者角色

从服务学生的角度，北京大学积极探索强化就业指导的新平台，力求"全过程、全方位、多层面、多领域"地开展就业指导工作。学校定期开展就业系列讲座，组织政策法规专场报告会，举办择业心理和技巧培训与咨询，邀请知名专家人士分享自己生活的感悟与就业心得。同时，课堂教育、校园文化与网络教育三管齐下，开展职业规划相关课程，组织职业训练营等，学生社团也开展丰富多彩的活动，不断深化职业生涯发展和职业素质拓展教育。

从服务教师的角度，北京大学以提升教师教学能力为重点，成立教师教学发展中心，配合院系和相关部门共同整合和搭建教师教学能力提高与全面发展的平台。教师教学发展中心积极配合学校各院系和职能部门为教师教学能力提升与发展提供支持与帮助，系统设计和搭建由教师培训、专家指导、研讨咨询、学术沙龙、助教学校等多种形式相结合的教师教学发展体系。具体负责配合院系和相关部门积极组织、设计、开展分类别、分层次和多样化的教师教学

发展活动，激发教师的积极性和创造性，为其提供各种教学支持资源。

要在服务中加强思想政治工作，必须根据时代和形势的变化，不断前行，不断创新，才能始终保持在教育工作中的先进性。在职业教育方面，高校可从主体的参与积极性、内容的针对性、结构的全程化三方面出发，加强就业指导与思想政治教育的结合；在心理指导方面，高校需要坚持以人为本的理念，一方面要把人文关怀渗透入指导活动之中，另一方面要加强高素质的教育工作者队伍建设；在拓展多种服务形式方面，要根据学生的需求和愿望，建设具有现实意义的方式方法；对于高校教师合理的诉求，应当为其提供健全的表达制度保障和多样化的表达渠道，促进高校教师表达素养的提升。

三、健全高校思想政治工作评价体系

高校思想政治工作管理在新形势下具有多样性、相对性、信息化和导向性等新特征，其评估基础的理论也被赋予了新的时代内涵。习近平总书记指出，要健全高校思想政治工作评价体系，研究制定内容全面、指标合理、方法科学的评价体系，推动高校思想政治工作制度化。健全高校政治工作评价体系，是实现科学化、制度化、规范化的有力保障和现代经济社会发展和高效持续发展的必然要求。

（一）有源之水，有本之木：健全评价体系的重要性和必要性

当下，加强高校思想政治工作评价体系建设的重要性与必要性，集中体现在建立与健全两方面。高校思想政治工作评价体系的建立，在宏观层面上无疑有利于高校科学客观地掌握思想政治工作的情况，有利于把容易走向"务虚"的思想政治工作落到实处，切实贯彻高校教学科研与思想政治工作"两手抓"的原则；而在微观层面上，则有助于健全、强化对思想政治工作的激励与约束，一方面有利于加深思想政治工作者对思想政治工作本身的认识，另一方面也有利于学生自我调控能力的增强，从教育主体与客体两面促进高校思想政治工作的开展。

高校思想政治工作评价体系的健全，则是对新形势积极回应的需要。在健全、完善的过程中，高校思想政治工作管理需要体现出价值判断性、复杂多样性、相对性、信息化和导向性等新特征，其评估基础理论被赋予了新的时代内涵，即评估主客体的多元化问题；评估内容要与时俱进的问题；评估过程要以人为本的问题；评估结果要真实有用的问题等。健全高校政治工作评价体系，是实现科学化、制度化、规范化的有力保障和现代经济社会发展和高效持续发展的必然要求。①

---

① 吴邵兰、李柏松：《高校内部党建与思想政治工作评估体系及方法初探》，《韶关学院学报（社会科学版）》2008 年第 7 期。

（二）立足当下，着眼未来：健全高校思想政治评估体系的意义

第一，有利于科学高效地掌握思想政治工作的基本情况，不仅可以对学校、院系的工作成果作出科学的评价，也能针对具体的问题作出相应的对策。

第二，有利于高校对思想政治工作和教学工作"两手抓"。思想政治教育工作，应该得到与教学工作一样的重视。建立健全高校思想政治工作评估体系，可以最大限度地提高思想政治工作的效率，有利于形成一套完整的高校工作体系。

第三，有助于建立健全思想政治工作的激励和约束机制。长期以来，高校思想政治工作存在约束软化的问题，严重挫伤了思想政治教育工作者的积极性。建立科学的评价体系，能够带来一种压力机制和动力机制，激发人们搞好思想政治工作的主动性、积极性和创造性，努力开创思想政治工作的新局面。[①]

第四，可以帮助思想政治工作者建立对思想政治工作更科学的认识。通过科学的体系评价思想政治工作，可以更好地帮助思想政治工作者发现问题、解决问题，促进理论与实践的改革创新，同时，也能进一步深化对思想政治工作的认识，形成正确的价值观和方法论。

---

① 段振榜：《建立高等学校思想政治工作评价体系刍议》，《云梦学刊》2001 年第 1 期。

（三）把握基础，剖析重点：现行高校思想政治工作评价体系分析

现行高校思想政治工作评价体系，总体而言呈现出如下一些基本特征。

第一，价值判断性。通过评估高校思想政治工作管理的实现社会价值的方向和实际作用，可以反映高校思想政治工作管理价值的取向和程度，其实质是对高校思想政治工作管理实际效果的评估。

第二，复杂多样性。高校思想政治工作管理评估是对教育过程各要素、各环节和教育效果各方面的评估，既要评估教育目标、内容、形式和方法，又要评估教育环境；既要评估受教育者，又要评估教育者；不仅要对某个因素进行评估，又要评估综合因素；时间上可以是定期、不定期，经常性或阶段性的；既有上级组织对下级组织、组织对个人的评估，也有教育管理部门与社会力量结合的评估、群众的民主评估、同行评估、自我评估等。

第三，相对性。一是鉴于存在主观或客观上的某种差异，很可能导致评估结果会出现偏差；二是评估的结果往往是通过相对比较得出的；三是高校思想政治工作管理的效果本身是复杂的，它有当时效果和以后效果之分，有显效果与潜效果之分，有一时效果和长久效果之分，因此，评估结果往往具有相对性。

第四，信息化。在评估手段上，特别是在操作流程的设计上，应突出应用计算机网络技术手段，利用计算机数据库知识、编程技术、网页制作等知识，研发基础性数据的统计分析软件，实现可录

入、存储和查询每次测评的基础性数据，实现测评结果的可监视、可度量和可比较。

第五，导同性。评估的标准和结果，具有明确的导向作用。评估标准会明确地引导被评估者按照评估标准进行自我评估。经过评估，能诊断高校思想政治工作管理活动是否存在问题。①

以此为基础，接下来试对现行评价体系作一分析。

在评估方式与方法方面，目前高校思想政治体系的评估采用他评与自评结合、定性与定量分析结合的方式，采用问卷调查法、社会调查法以及听取工作汇报、资料分析、民主评议评定、考试考查等方法。

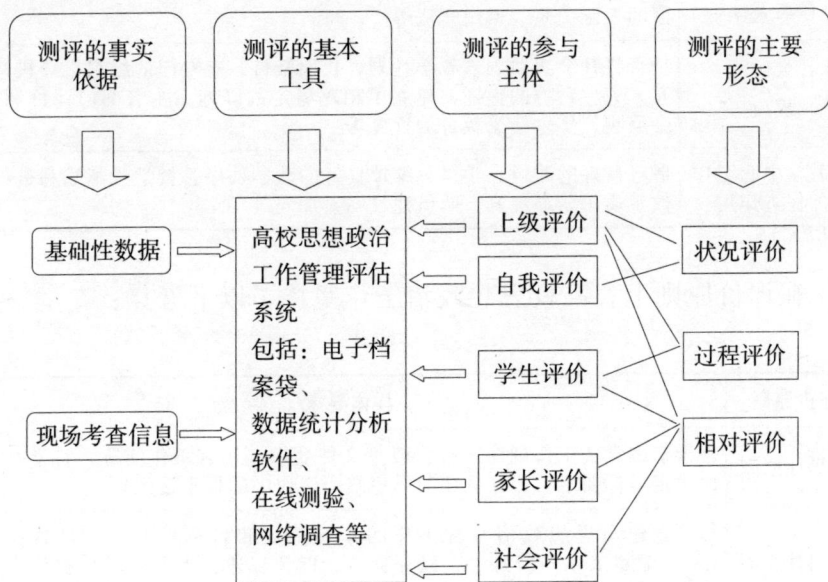

高校思想政治工作管理评估运行模式示意图②

---

① 吴清一：《论高校思想政治工作管理评估体系创新》，《理论与改革》2013 年第 4 期。
② 吴清一：《论高校思想政治工作管理评估体系创新》，《理论与改革》2013 年第 4 期。

在评价标准方面，高校思想政治工作评价指标体系大体包括邓小平理论教育效果、唯物主义教育状况、学校大局稳定情况、师生道德修养水平、社会实践成效、对教学中心工作的促进作用等六个方面的内容。①

考查指标	考查内容
邓小平理论教育效果	邓小平理论教育效果、唯物主义教育状况、学校大局稳定情况、师生道德修养水平、社会实践成效、对教学中心工作的促进作用等
唯物主义教育状况	学习计划、学习内容、科学普及工作以及师生是否建立了科学、文明、健康的生活方式等
学校大局稳定情况	师生信念坚定，教学、工作、生活秩序井然，校园综合治理良好，舆论导向正确，没有治安隐患等
师生道德修养水平	强烈的集体主义精神，良好的社会公德、职业道德、家庭美德，和谐的人际关系，遵纪守法等
社会实践成效	是否将社会实践列入教学计划，长期坚持，有专门的组织指导机构，有人力、财力的保证，建立了相对稳定的阵地，主管部门评价和社会反响，学生接受教育的程度等
对教学中心工作的促进作用	形成良好的教风、学风、维护良好的教学秩序、教学改革顺利进行、教学质量明显提高、队伍建设明显加强等

在评价原则上，高校思想政治工作坚持了以下五点：②

评价原则	具体要求
科学性原则	善于掌握党建工作规律、符合政策文件要求，切合工作实际，科学合理地确定目标要求，抓住党建与思想政治工作中的根本性问题
导向性原则	符合党建与思想政治教育工作的本质特征和目标任务，立足高校院（系）党建工作的特殊性，以评促改、以评促建，为做好学校整体党建工作奠定扎实基础

---

① 段振榜：《建立高等学校思想政治工作评价体系刍议》，《云梦学刊》2001年第1期。
② 罗维东：《高校院（系）党组织党建和思想政治工作评估体系的构建与思考》，《北京教育》2011年第Z1期。

续表

评价原则	具体要求
可测性原则	每项指标的界定应清晰、系统，要体现单项独立性和具体化，不可交叉覆盖，也不要过于细化繁杂。在对其评估内容进行分解细化得出评估指标时，要注意可操作性、可评定性；在使用指标测评时，尽量方法简便、程序简化、结论鲜明
可比性原则	评估指标在相对稳定的基础上，具有横向可比性，适用于同一高校不同的党组织。既要考虑同校不同院（系）党组织党建工作的特殊性，更要考虑反映它们之间具有的共性
全面性原则	对评估指标的权值分配要体现出全面性，对性质和作用不同的选项应给予不同的权值，对其中重要方面的选项指标分配较大权值，又要给予其他方面的选项评估指标一定的权值，做到既突出重点，又兼顾全面

（四）长江之水，常进常新：创新与改革是健全高校评估体系的有效措施

马克思曾指出："人们按照自己物质生产率创立相应的社会关系，正是这些人又按照自己的社会关系创造了相应的原理、观念和范畴。所以，这些观念、范畴也同它们所表现的关系一样，不是永恒的。它们是历史的暂时的产物。"① 因此，随着形势、要求的新变化，高校思想政治教育评估也要与时俱进，不断创新。高校思想政治教育评估体系中评估理念、评估内容、评估手段三者缺一不可，因此应当从这三方面展开讨论如何健全与创新。

在评估理念的创新方面，高校思想政治教育评估体系的创新正是基于理念的创新，需要充分发挥评估理念的导向、保证、协调、激励、创新等作用，在这一环节，应该本着与时俱进、立德树人的

---

① 《马克思恩格斯选集》第 1 卷，人民出版社 1995 年版，第 142 页。

原则，提升评估的时效性、客观性、全面性、教育性和发展性。

在评估内容的创新方面，高校思想政治教育评估体系要增强对政治教育领导管理者、教师群体、学生群体、教育实施过程、教育环境以及教育效果的评估，并建立健全督查制度，促进过程中各环节的交流，准确把握评估原则，从而提高评估的准确性。

在评估手段的创新方面，手段作为实现目标的重要步骤，必须要灵活精确、科学有效，随着社会环境的变化而不断作出调整。创新评估手段，需要因地制宜学习借鉴现代思想政治教育评估方法并科学制定思想政治教育评估指标体系。①

在新形势下，高校思想政治工作必须随着时代的发展而不断加强和改进，以改革创新精神做好思想政治工作。要结合国情校情，遵循思想政治工作规律，尊重学生成长规律，遵循教书育人规律，沿用好办法，改进老办法，探索新办法，增强工作的科学性，提高工作的实效性，进一步将思想政治工作的成效转化为改革发展的动力，开启高等教育改革发展的新局面。

---

① 孙豫峰：《高校思想政治教育评估体系的创新维度》，《思想政治教育研究》2009 年第 2 期。

第七章　政治保障：加强和改善党对高校的领导

习近平总书记在全国高校思想政治工作会议上强调，办好我国高等教育，必须坚持党的领导，牢牢掌握党对高校工作的领导权，使高校成为坚持党的领导的坚强阵地。这一点任何时候都不能有丝毫动摇。高校党委的重点任务就是要抓好政治领导和思想领导，其具体内容包括：政治领导，就是要保证高校正确办学方向，保证党的领导在高校工作中全面发挥作用；思想领导，就是要掌握高校思想政治工作主导权，巩固马克思主义在高校意识形态的主导地位，用科学理论培养人，用正确思想引导人，保证高校始终成为培养社会主义事业建设者和接班人的坚强阵地。中央 31 号文件在党的领导这一部分重点指出了三个方面的具体部署：一是完善高校党的领导体制；二是强化院（系）党的领导；三是加强高校基层党建工作。

可以说，习近平总书记在全国高校思想政治工作会议上的讲话和中央 31 号文件，对高校加强和改善党对高校领导这一重大问题进行了深刻阐述和准确部署。办好中国的事情，关键在党，关键在坚持中国共产党的领导，高校的发展同样如此，坚持党的领导是办好中国特色社会主义大学的根本保证，我们要坚持将党的领导具体落实到学校治理和党的建设各项工作之中。

一、准确把握"党的领导"的深刻内涵

在《中国共产党章程》总纲中，重点对"党的领导"进行了阐述：

中国共产党的领导是中国特色社会主义最本质的特征，是中国特色社会主义制度的最大优势。党政军民学，东西南北中，党是领导一切的。党要适应改革开放和社会主义现代化建设的要求，坚持科学执政、民主执政、依法执政，加强和改善党的领导。党必须按照总揽全局、协调各方的原则，在同级各种组织中发挥领导核心作用。党必须集中精力领导经济建设，组织、协调各方面的力量，同心协力，围绕经济建设开展工作，促进经济社会全面发展。党必须实行民主的科学的决策，制定和执行正确的路线、方针、政策，做好党的组织工作和宣传教育工作，发挥全体党员的先锋模范作用。党必须在宪法和法律的范围内活动。党必须保证国家的立法、司法、行政、监察机关，经济、文化组织和人民团体积极主动地、独立负责地、协调一致地工作。党必须加强对工会、共产主义青年团、妇女联合会等群团组织的领导，使它们保持和增强政治性、先进性、群众性，充分发挥作用。党必须适应形势的发展和情况的变化，完善领导体制，改进领导方式，增强执政能力。共产党员必须同党外群众亲密合作，共同为建设中国特色社会主义而奋斗。[①]

这就是 30 年来我们党和国家始终坚持的"四项基本原则"中"坚持党的领导"一条的具体阐释。而这一无产阶级政党必须坚持的根本原则的确立，也经历了较长时间的探索和实践。这一原则最早由马克思和恩格斯于 1850 年在《中央委员会告共产主义者同盟书》中在阐述工人政党同工会关系的时候所提出：工人政党"应该使自己的每一个支部都变成工人协会的中心和核心，在这种工人协会中，无产阶级的立场和利益问题应该能够进行独立讨论而不受资产阶级影响"。[②] 这一重要结论是马克思和恩格斯在长期对资本主义生产方式和制度以及无产阶级性质分析的基础上所得出的，之后列宁在长期革命实践经验的基础上提出，要使分散的无产者形成一个整体，在反对资本家阶级的斗争中作为阶级的力量来行动，并争取革命的胜利，就必须有一个以科学社会主义作指导的、由无产阶级先进分子所组成的、在斗争中形成的革命政党的领导。只有通过这个党的创造性的活动，才能把无产者组织起来，并提高他们的觉悟程度和组织程度，使他们意识到自己的历史地位和作用，由自发的阶级转变为自觉的阶级，联合起来向着资本主义制度冲击；也

[①] 《中国共产党章程》，《人民日报》2017 年 10 月 29 日。
[②] 《马克思恩格斯全集》第 1 卷，人民出版社 1971 年版，第 369 页。

只有在这个党的领导下，才能为无产阶级革命的各个发展阶段指明方向，制定正确的纲领、路线和战略、策略，组织和发动群众，把革命和建设事业一步步引向胜利，最终实现共产主义。

党是其他工人阶级组织的领导者。无产阶级在整个革命斗争中，除了自己的先锋队组织以外，还要有工会组织、青年组织、妇女组织，以及军队、政权组织、经济组织，等等。这些组织对于完成无产阶级革命任务都是绝对必需的。但是，在革命的进程中，各个工人阶级组织间并不是彼此平行、各自为政、互不相干的，必须有一个组织来统一各个组织的意志和协调各方的行动，以便按照统一的方向和共同的目标行动。这个组织，就是无产阶级革命政党。[1]

马克思和列宁关于坚持无产阶级政党的论述，同样在中国共产党的发展进程中得到了实践证明。列宁进一步提出了党对工人阶级和其他工人组织的领导，实质上是政治上的领导。毛泽东也指出，无产阶级"要经过它的政党实现对于全国各革命阶级的政治领导"。毛泽东还曾讲道，"领导我们事业的核心力量是中国共产党"[2]，中国共产党1942年9月在《关于统一抗日根据地党的领导及调整各组织间关系的决定》中提出实行党委一元化的领导，这对于在夺取和巩固政权的斗争中加强党的组织领导起了重要作用。

党的领导不仅是革命年代必须坚持的基本原则，同样是发展建

---

[1]　蔡长水：《第五讲学习马克思主义党的学说加强和改善党的领导》，《刊授党校》1994年第4期。

[2]　《毛泽东著作选读》，人民出版社1986年版，第715页。

设时期必须坚持的基本原则，邓小平在改革开放之初就曾强调"在今天的中国，决不应该离开党的领导而歌颂群众的自发性"。并在其提出的四项基本原则中着重将党的领导作为重要的一条原则之一。党的十九大报告进一步强调，中国特色社会主义最本质的特征是中国共产党领导，中国特色社会主义制度的最大优势是中国共产党领导，党是最高政治领导力量。

我们在明确党的领导内涵的基础上，同样需要深刻把握坚持党的领导的必然性。

首先，党的领导是实现无产阶级历史使命的根本保证。列宁说过"没有铁一般的和在斗争中锻炼出来的党，没有为本阶级全体忠实的人所信赖的党，没有善于考察群众情绪和影响群众情绪的党，要顺利地进行这种斗争是不可能的"。邓小平曾指出，"自有国际共产主义运动以来，就证明了没有无产阶级的政党就不可能有国际共产主义运动"，可以说，共产党的领导，是适应无产阶级革命斗争的需要而产生和发展的，在整个革命进程中，无论是夺取政权、巩固政权还是建设社会主义，任何时候都只有坚持党的领导，才能取得事业的成功。

其次，历史实践证明，中国共产党的领导是中国近代历史发展的客观要求，是我们取得民族独立，国家富强，实现伟大复兴的根本力量。习近平总书记在庆祝中国共产党成立95周年大会上的讲话中指出：中国产生了共产党，这是开天辟地的大事变。这一开天辟地的大事变，深刻改变了近代以后中华民族发展的方向和进程，深刻改变了中国人民和中华民族的前途和命运，深刻改变了世界发展的趋势和格局。在 95 年波澜壮阔的历史进程中，中国共产党紧紧依靠人民，跨过一道又一道沟坎，取得一个又一个胜利，为中华民族作出了伟大历史贡献。实践证明，中国共产党对中国革命事业的领导地位，绝不是自封的，而是中国共产党人在长期艰苦卓绝的斗争中形成和确立起来的，是中国人民近百年来经过正反两个方面的反复比较而作出的政治抉择，这有着根本上的历史必然性。

最后，党的领导是由其先进性，也即其根本性质决定的，党是工人阶级的先锋队，因此具有天然的优越性，其坚持把马克思主义作为自己的理论基础和行动指南，能够制定出科学的政策；其工人阶级的基础决定了党能够同最广大的人民群众保持血肉联系，能够不断提高党员素质，保持纯洁性；其组织原则为民主集中制，具有高度的组织纪律性，是一支富有批评和自我批评的战斗队伍。

二、党的领导是办好中国特色
社会主义大学的根本保证

新中国成立以来，我国高校的领导体制经过长时间探索，前后经历了几个不同时期。简单回顾如下。

1. 校长负责制（1950—1956 年）

新中国成立后半年左右，中央教育部即发出指示，提出"凡已由人民政府任命的高等学校一律实行校长负责制"。这一时期的高校主要延续了民国时期的管理模式，学校一般分为三级管理，校长和校级领导负责学校全面工作，院系作为中层，基层是由教学、科研和行政等单位组成。这一时期因高校中党员相对较少，党的组织主要负责宣传和组织等工作。

2. 党委领导下的校务委员会负责制（1956—1961 年）

经过几年的社会主义改造，党在社会各个领域确立了绝对领导权，同时也开始强调党对高校的领导，在 1958 年 9 月中央公布的关于教育工作的指示中提出，"在一切高等学校中，应当实行学校党委领导下的校务委员会负责制，一长制容易脱离党的领导，所以是不妥当的"①。按照这一要求，这一时期的高校体制开始转变为"党委制"，党委开始处在学校领导核心地位。

3. 党委领导下的以校长为首的校务委员会负责制（1961—1966 年）

1956 年之后，党委逐渐掌握了高校的领导权，但为了避免"以党代政"的局面出现，中央在 1961 年 9 月批准下发了教育部起草的《中华人民共和国教育部直属高等学校暂行工作条例（草案)》，即著名的"高校六十条"，其中就高校的领导体制特别强调，"高等学校的领导制度是党委领导下的以校长为首的校务委员会负责制……高等学校的校长，是国家任命的学校行政负责人，对外代表学校，对内主持校务委员会和学校的经常工作"②，在这一阶段中，高校党委发挥着统一领导的核心作用，但同时也兼顾校长

---

① 中共中央文献研究室：《建国以来重要文献选编》第十一册，中央文献出版社 1995 年版，第 493 页。

② 中共中央文献研究室：《建国以来重要文献选编》第十四册，中央文献出版社 1997 年版，第 601—604 页。

各项职权的行使，充分调动了学校行政系统的积极性。

4. 党的一元化领导（1966—1976 年）

这一时期是"文革"动乱时期，彻底打乱了高校原有的领导体制、组织机构和规章制度，全面实行"党的一元化领导"，规定"在党委统一领导下充分发挥工宣队的政治作用，革命委员会是权力机构"①。

5. 党委领导下的校长分工负责制（1978—1985 年）

"十年动乱"结束后，高校走上正轨，其中以 1978 年 10 月的全国教育工作会议为节点，颁布了重新修订的"高校六十条"，明确开始执行"党委领导下的校长分工负责制"，但仍存在着"正、副校长都对党委负责，校长职责不够明确，且一段时间内高校党委正副书记一般还兼任校长校行政职务，因此存在着党政不分，学校党委决定一切、包揽一切的状况"②。

6. 试行校长负责制（1985—1989 年）

改革开放后几年的高等教育改革实践中发现，高校党委存在着过多包揽一切事务的问题，在 1985 年颁布的《关于教育体制改革的决定》中，提出"学校逐步实行校长负责制，有条件的学校要设立校长主持的、人数不多的、有威信的校务委员会，作为审议机构"，"学校中的党组织要从过去那种包揽一切的状态中解脱出来，把自己的精力集中到加强党的建设和加强思想政治工作上来。③"

---

① 1971 年全国教育工作会议《纪要》。
② 高玲曾：《高校党的建设》，长春出版社 1992 年版，第 37—38 页。
③ 中央文献研究室：《十二大以来重要文献选编》（中），人民出版社 1986 年版，第 1421 页。

这一时期高校中以校长为首的行政力量迅速成为了学校的主导力量。

7. 党委领导下的校长负责制（1989年至今）

国家教委《关于当前高等学校工作中几个问题的意见》中重点提出"高等学校仍实行党委领导下的校长负责制，对存在问题的校长负责制学校，要采取果断稳妥的措施恢复原来党委领导下的校长负责制"①，同时在中共中央下发的《关于加强高等学校的党的建设的通知》中明确规定：高等学校实行党委领导下的校长负责制，党委要发挥政治核心作用，坚持党管干部的原则，全面领导学校的思想政治工作，参与对教学、科研和行政工作重大问题的决策。

此后，在1998年颁布的《中华人民共和国教育法》中，明确规定，"国家举办的高等学校实行中国共产党高等学校基层委员会领导下的校长负责制。中国共产党高等学校基层委员会按照中国共产党章程和有关规定，统一领导学校工作，支持校长独立负责行使职权。"② 真正从法律上确立了党委领导下的校长负责制这一高校根本的领导制度和工作制度。

从上述对党委领导下的校长负责制的回顾，可以发现，只要是高校坚持党的领导不动摇，坚持以党委为核心领导高校发展，学校的发展就稳定，就能够取得好的成绩；一旦党的领导有所动摇，有

---

① 李庄：《高校党委领导下的校长负责制研究》，中共中央党校硕士学位论文，2007年。
② 《中华人民共和国教育法》（1998年8月29日全国人民代表大会常务委员会第四次全体会议通过）。

所松动，学校就容易乱，容易产生各种问题。习近平总书记在全国高校思想政治工作会议上强调，办好我国高等教育，必须坚持党的领导，牢牢掌握党对高校工作的领导权，使高校成为坚持党的领导的坚强阵地。可以说是对党的领导在高校中重要作用的集中阐释，是对党委领导下校长负责制这一根本制度的高度肯定。实践证明，高校坚持党委领导下的校长负责制，确保党牢牢把握高校领导权对高校的改革发展有着极其重大的意义。

首先，坚持党的领导是高校确保社会主义办学方向和政治稳定的最根本保证。高校是不是稳定，关键在于领导权在谁的手中，思想价值观坚持得是不是正确。高校历来的风波大多是因为党的领导有所削弱，价值观有所松动，学生和教师从思想上受到了各方面的冲击和影响。事实上，在明确党委成为高校领导核心后，全国高校已经持续保持了政治稳定的良好局面。

其次，坚持党委领导下的校长负责制是对高校校长法人地位的充分肯定，也是坚持依法治校的重要前提。依法治校是中国教育改革和教育事业发展的必然要求，也是依法治国基本方略在高等学校的实现形式。党委领导下的校长负责制是以法律形式规定的高校的领导体制，是当前必须坚持的领导体制。这一领导体制既保证了党委的领导，同时又充分尊重校长的法人地位。党委作为学校重大问题的决策者，必须增强法制意识，加强法制观念，只有这样，做出的决策才符合党和国家的需要，符合学校的需要。校长作为学校的法人代表，作为学校重大问题的具体贯彻者，必须在宪法和法律的要求下活动，按照宪法和法律的要求行事，严格依法治校。

最后，坚持党委领导下的校长负责制有力促进了我国高等教育持续、健康、快速发展。从改革开放至今，我国高等教育事业经历了历史上最好的发展时期，教育发展的规模和速度都是空前的，各项改革深入展开，人才培养、科学研究、服务社会的能力大幅提高，国际化水平不断增强，迅速发展的事实说明，坚持党的领导、坚持党委领导下的校长负责制是适应我国高校持续健康发展的重要保证。

三、坚持党委领导下的校长负责制的根本领导制度和工作制度

坚持党委领导下的校长负责制，要重点把握三个方面的问题。一是高校党委对高校工作实行全面领导，承担管党治党、办学治校主体责任，把方向、管大局、做决策、保落实。二是党委要贯彻民主集中制，形成党委统一领导、党政分工合作、协调运行的工作机制。三是要严格把关、选好配强领导干部和领导班子，确保高校领导权牢牢掌握在忠于马克思主义、忠于党和人民的人手中。

中央 31 号文件在第 25 条中着重强调，要坚持和完善普通高校党委领导下的校长负责制，高校党委对本校工作实行全面领导，对本校党的建设全面负责，履行管党治党、办学治校的主体责任，严格执行和维护政治纪律和政治规矩，落实党建工作责任制，切实发挥领导核心作用。

以北京大学为例，我们可以十分清楚地厘清党委领导下的校长负责制这一根本领导制度和工作制度的基本发展脉络。

北京大学是全国率先实行党委领导下的校长负责制的高校之一。1977年10月24日，北京大学在给中央的报告中提出试行"党委领导下的校长负责制"，邓小平同志对此批示："我非常同意，这是一个重要改变。"1978年10月，教育部下发《关于讨论和试行〈全国重点高等学校暂行工作条例〉（试行草案）》的通知，北京大学根据条例的规定实行党委领导下的校长分工负责制。

2001年4月，根据《中华人民共和国高等教育法》，党委常委会审议通过《北京大学党委常委会工作规则》《北京大学校长办公会工作规则》。2004年4月，十一届党委第13次常委会对上述规则进行了修订。

2013年8月，根据《中国共产党普通高等学校基层组织工作条例》，北京大学进行校务决策机制改革，逐步稳定党委常委会和校长办公会分别召开的格局。一方面，党委常委会讨论决定"三重一大"事项和管党治党与思想政治工作。另一方面，校长通过校长办公会对学校行政工作行使职权，研究决定学校的教学、科研和其他行政管理工作。

2014年10月，中共中央办公厅印发《关于坚持和完善普通高等学校党委领导下的校长负责制的实施意见》。2015年10月，为贯彻落实中央文件精神，北京大学推进学校党政会议制度及工作机制改革，修订了《北京大学党委常委会工作规则》《北京大学校长办公会工作规则》，并将党委常委会、校长办公会在校务决策中的成功实践经验升华为制度成果。

具体来看，在体制与运作上已经成熟的党委领导下的校长负责制具有如下几个最突出的特点。

第一，在基本的分工层面，党委统一领导学校工作，校长主持行政工作。党委对本校工作实行全面领导，对本校的党的建设全面负责，履行管党治党、办学治校主体责任，严格维护和执行政治纪律和政治规矩，落实党建工作责任制，切实发挥领导核心作用。正确处理"党委领导"和"校长负责"的关系，把握正确的思想政治方向和学术导向，维护学校政治稳定，正确制定涉及学校改革、发展、稳定的方针政策，科学规划学校总体发展思路，努力营造百花齐放、鼓励创新的学术文化环境，抓好党建、思想政治工作和干部队伍建设，支持校长按照高等教育法的规定负责地开展工作，引导全体师生员工强化共识、凝心聚力，共同推进创建世界一流大学宏伟事业。在党委的统一领导下，重点抓好学校教学、科研、医疗、管理、后勤服务等行政事务，推动学校教学科研、社会服务和文化传承创新出成果、上水平。其中，党委书记主持党委全面工作，对党委工作负主要责任，切实履行思想政治工作和党的建设第一责任人的职责，统筹党委的重大活动和领导班子成员分工。其他党委班子成员履行"一岗双责"，结合业务分工抓好思想政治工作和党的建设工作。

校长则坚持依法治校、依章办学，全面梳理和修订学校的各项制度和规定，建立健全具有明确价值导向的制度体系；提升战略谋划的意识和能力，加强对学校发展建设各项事业的宏观指导；加强基础学科建设，推动学科交叉融合，着力建设产生新思想、前沿科学和未来技术的学术殿堂；加强学部职能，完善学术治理结构；加强对外交流与合作，提升社会服务水平，扩大学校的世界性学术影响力和社会影响力。

第二，在议事决策制度上，党委与行政形成了机制健全、分工明确的制度体系。按期召开党员代表大会，选举产生党的委员会，对事关学校改革发展稳定和师生员工切身利益及党的建设等全局性重大问题作出决策；党委常委会主持党委经常工作，定期召开党委常委会，议大事，谋大事，集体讨论决定学校党委的重大问题和重要事项；校长通过校长办公会行使职权，研究决定学校的教学、科研和行政管理工作，提出拟在党委常委会上进行通报或讨论决定的重要事项，并具体部署落实党委决议；通过健全规章制度协调党委常委会和校长办公会职能，严格执行"三重一大"决策制度，坚持科学决策、民主决策、依法决策。

第三，坚持完善党委与行政之间的协调运作机制。从制度设计、运行模式和治理实践，坚持党委的领导核心地位，保证校长依法行使职权，党委与行政的关系是"统揽而不包揽，领导而不取代"，党政分工不分家，协调一致，团结共事，配合默契；建立健全符合党政领导班子沟通机制；认真组织好学校领导班子民主生活会活动，认真开展批评与自我批评，深入整改落实；充分发挥校务委员会、学术委员会以及教代会、学代会、民主党派、群团组织等在办学治校中的作用；定期召开党代表年会，推行党代表任期制和提案制。

四、充分发挥院系党组织的核心作用

习近平总书记强调，院（系）党组织要在院（系）重大办学问题上把好政治关，保证党的路线方针政策及上级党组织决定的贯彻执行，把坚持正确办学方向的要求贯彻到院（系）工作中。中央 31 号文件进一步提出具体落实部署，要"进一步发挥院（系）党委（党总支）的政治核心作用，履行政治责任，保证监督党的路线方针政策及上级党组织决定的贯彻执行，把握好教学科研管理等重大事项中的政治原则、政治立场、政治方向，在干部队伍、教师队伍中发挥主导作用，把好政治关"。

中央对高校院（系）党组织的要求，符合组织学理论中所讲的"核心胜任特征"（core competencies），也就是说在一个组织当中，必须包含"独特的、具有竞争优势的各种资源，包括组织的战略、知识、技术、技能、价值观、文化等成分"①，这个组织才能随着时间的积累而不断发展，难以被竞争对手所模仿，所以说核心胜任特征是构成组织核心竞争力的重要源泉。高等学校院（系）级单位是高校实现人才培养、科学研究、服务社会、文化传承与创新的最基层载体，在院系的权力结构中主要存在政治权力、行政权力、学术权力 3 种形式，我国高校在院（系）这一组织层级中的

---

① 梁建春、时勘：《组织的核心胜任特征理论及其人力资源管理》，《重庆大学学报（社会科学版）》2005 年第 4 期。

核心胜任特征可以说最突出的表现为坚持党组织的领导，是有别于世界上任何一个国家高校组织的根本不同。有研究指出，院（系）党组织的政治核心作用包含：在坚持政治路线、政治立场、政治方向上发挥领导作用；在贯彻党的路线、方针、政策上，在重大问题上发挥重要决策作用；在思想政治工作和宣传思想工作上发挥教育引领作用，起到凝聚人心的重要作用①。

北大党委根据《高等教育法》和中央关于高等教育发展的相关要求，积极探索院系党委发挥政治核心和监督保证作用的途径。在工作实践中明确了三条原则：一是院系党政在地位上同样重要。对于院系来说，党委和行政领导都是第一责任人，都对学院的改革发展稳定承担着重要的职责。重大事项由院系党委和行政领导"共同研究、共同议事、相互协调、民主决策"。二是院系党政分工有所侧重。院系党委在共同参与院系重大决策的同时，主要侧重于管方向、管思想、管监督。这也是院系党委发挥政治核心作用的根本所在。三是强调"围绕中心抓党建，抓好党建促中心"，正确处理院系党建工作与院系教学科研的关系。具体包括：

严格按照《中国共产党普通高等学校基层组织工作条例》的要求，完善院系治理结构，健全以院系党政联席会议制度为核心的决策运行机制。出台《北京大学院（系）级党政领导班子职责和工作规则的规定（试行）》，落实好"三重一大"集体决策制度，

① 褚红素：《高校院（系）党组织政治核心作用的内涵和外延》，《理论观察》2017年第1期。

完善议事决策规则，形成有效的院（系）级单位党政之间分工合作、共同负责、协调运转机制。制定《院系领导岗位职责暂行规定》，完善中层领导班子任期责任制。完善民主生活会制度，提高民主生活会质量，增强领导班子解决自身问题、维护班子团结的能力。

推动建立院系科学发展评估制度，为选任院（系）级党政领导班子提供重要决策依据。规范有序开展党政领导班子换届，重点做好党政正职领导干部的选拔培养，探索面向学术界公开选聘、内部比选、竞争上岗等院系主要负责人选拔办法。注重班子成员年龄、来源、经历、专长和性格特质的合理搭配，实现结构优化、优势互补，提高领导班子整体合力。

五、基层党组织的战斗堡垒作用

习近平总书记指出，加强高校党的基层组织建设，提高党的基层组织做思想政治工作能力，是做好高校思想政治工作的基础。中央31号文件第27条明确提出，"基层党组织是党在高校全部工作的基础，要充分发挥战斗堡垒作用。建立健全高校基层党组织，要做到哪里有党员哪里就有党组织，哪里有党组织哪里就有健全的组织生活和党组织作用的充分发挥。要加强教师党支部、学生党支部特别是研究生党支部建设，充分发挥党支部组织教育管理党员和宣传引导凝聚师生的主体作用。"

在一个组织中，基层组织充当着重要的角色，任何一个庞大组织的存在及运作首先必须有自身强大的动员能力，也即必须充分发挥"统一思想、振奋精神、协调行动、整合资源、推进发展"的作用，概括而言即其动员能力①。而基层党组织则是整个组织发挥动员能力的根本所在。纵观历史，我们党之所以能够在革命斗争时期、建设时期取得辉煌成就，其根本上离不开基层党组织战斗堡垒作用的充分发挥。

这种战斗堡垒作用的发挥最早来自于 90 年前的"三湾改编"。1927 年 9 月，秋收起义后部队遭到失败，毛泽东创造性地在三湾对军队进行了根本性的改编，从根本上确立了"支部建在连上"的建军思想以及党代表制度，在连以上建立士兵委员会，全面加强了党对军队的绝对领导。这在当时恶劣的革命形势下，对提高军队战斗力有着决定性的影响——"支部一建立，连队立刻有了灵魂，各种工作迅速开展起来。因为支部建在连上，党可以通过党员和广大群众保持密切联系，政治氛围也逐渐浓厚，党员数量逐渐增多。支部真正成为了连队的核心和堡垒"②，在后面的革命斗争实践中也证明，"红军所以艰难奋战而不亏散，'支部建在连上'是一个重要原因"③。

对提升军队战斗力同样重要的另外一个制度则为党代表制度，这一制度是 1924 年 10 月国共合作期间，仿效苏联红军编制模式，

---

① 甘泉、骆郁廷：《社会动员的本质探析》，《学术探索》2011 年第 12 期。
② 赖毅：《毛委员在连队建党》，《历史教学》1966 年第 2 期。
③ 罗荣桓：《秋收起义与我军初创时期》，《历史教学》1966 年第 3 期。

在黄埔军校教导团开始设置的①。而这一制度后来在我们党的历史
实践中得到了不断发扬。在后来的革命和建设实践中，我们党的组
织始终充满着战斗力，与三湾改编建立的基层党组织模式和党代表
制度是分不开的。

可以说，以三湾改编为代表的党的基层组织模式确保了党对国
家和社会生活的领导，可以说这些基层组织是我们坚持和改善党的
领导，坚持思想领先原则的重要组织基础，在此基础上开展的思想
政治工作是我们党最大的优势之一。在高校，基层的党组织，包括
各个学生党支部、教师党支部等同样起着"战斗堡垒"的突出作
用，是党对高校领导的最大延伸，有着关键的基础性作用，可以
说，高校党的工作离开了基层党组织，一切都会成为空谈。这一重
要性突出表现为：高校基层党组织是全校党组织的基础，是保证学
校党委各项部署最终落实的战斗堡垒；是管理、教育和监督基层党
员的最基本单位；是密切联系师生的桥梁和纽带。北大党委坚持不
断加强党组织建设，充分发挥其突出的政治优势。

第一，优化基层党组织设置。按照有利于发挥战斗堡垒作用，
有利于党员教育、管理、监督和服务，有利于密切联系群众的原
则，优化党组织和党的工作的有效覆盖。适应教学科研组织方式改
革需要，做到党组织设置同步进行、党组织作用同时发挥。教师党
支部一般按院（系）内设的教学、科研机构设置，正式党员 3 人

---

① 吴吉祥：《弘扬三湾改编传统，加强党的基层组织建设》，《南昌大学学报（人文社
　会科学版）》1991 年第 2 期。

以上的单位应当单独设立党支部。推动有条件的党委在学术团队
（PI 制）、课题组等最活跃的一线组织设置党支部。原则上要求设
置在教学科研实体单位的教师党支部成员中至少要有 1 名教授。学
生党支部可以按班级、年级或专业设置，学生中正式党员达到 3 人
以上的班级应当及时成立学生党支部。党支部规模一般不超过 30
人，对学生党支部中规模过大的适度调整。

第二，基层党组织建设方面，抓基层、打基础，提高党建工作
科学化水平，基层党组织的战斗堡垒作用和党员的先锋模范作用进
一步彰显。一是抓住重大契机开展集中教育活动，增强基层党组织
凝聚力。根据中央的统一部署，深入开展了党的群众路线教育实践
活动、保持共产党员先进性教育活动、学习实践科学发展观活动和
创先争优活动。二是坚持通过评优表彰树立典型、推动工作。积极
发现、广泛宣传高层次人才中的党员典型，形成了基层党组织、党
员、党务工作者创先争优的长效激励机制。三是提高质量、优化结
构，加大党员队伍建设的力度。在高知识群体中加大党员发展力
度，在校领导的关心和直接推动下，每年都有高层次人才发展入
党。四是引导基层党组织创新活动载体、内容和形式，提升自身吸
引力，有力地调动了基层党组织的创新热情，培育了一批优秀
项目。

第三，提高发展党员质量。按照"控制总量、优化结构、提
高质量、发挥作用"的总要求，重视在青年骨干教师和优秀大学
生中发展党员，不断提高发展质量，优化队伍结构，提升整体素
质。出台《北京大学发展党员工作规范》，严格党员发展程序，坚

持有计划有步骤地发展党员，改进入党积极分子教育培训模式。在学生党员发展中实施质量工程，坚持和完善推优入党制度，探索公示制、答辩制、票决制等新的工作方式，以保质量为重心，实现学生党员比例平稳增长。坚持"把业务骨干发展为党员，把党员培养为业务骨干，给党员业务骨干压担子"的思路，形成党员干部人才队伍业务发展、政治进步、管理能力提升相辅相成、相得益彰的有机联动机制。

后　记

　　2016 年 12 月 7 日至 8 日，全国高校思想政治工作会议在北京召开，这是中国特色社会主义高校办学史上的里程碑。习近平总书记在会上发表了重要讲话，深刻回答了事关高等教育事业长远发展的一系列方向性重大问题，深刻阐明了高校思想政治工作的一系列重大理论和实践问题，这是做好新形势下高校思想政治工作的行动指南。这篇重要讲话是习近平新时代中国特色社会主义思想的重要组成部分，需要反复学习、认真研读、学深学透、活学活用。

　　根据会议精神，中共中央、国务院印发了《关于加强和改进新形势下高校思想政治工作的意见》，这是一份对高校工作有重大指导意义的文件，它对全国高校发出了凝心聚力、攻坚克难的动员令，吹响了加快创建中国特色世界一流大学征程的冲锋号，是充满改革创新精神的、管长远、管根本的行动纲领。

　　全国高校思想政治工作会议召开一年半之后，习近平总书记再一次莅临北大调研指导工作，这是党的十九大后，党和国家最高领导人首次到大学视察指导工作，是对北大全体师生员工的巨大鼓舞和激励，为北大思想政治工作的开展进一步指明了鲜明方向、提供了根本遵循。学习好贯彻好落实好习近平总书记在高校思想政治工作会议上的重要讲话精神和来北大视察时的重要讲话精神，不断加强与改进高校思想政治工作，需要脚踏实地地不懈努力，也需要孜孜以求地理论探索。只有在理论研究层面进行科学的条分缕析，才能更加准确地把握工作脉络和内在逻辑，使前进的方向更加明确，使推进的步伐更加坚定，使奋进的力量更加凝聚。

以习近平新时代中国特色社会主义思想为指引，北京大学政策法规研究室（党委政策研究室）组织了研究团队，对加强和改进高校思想政治工作中的若干重点课题进行了初步探索，形成了这本著作。本书作为新形势下对高校思想政治工作的理论性探索，对应习近平总书记重要讲话中提出的几个关键性问题，汇聚了北京大学思想政治工作队伍的实践经验，凝练了高校政策研究者的思考探索。全书共七章，分别从新形势新常态、思想理论教育和价值引领、哲学社会科学学科体系建设、思想政治工作阵地建设的桥梁和媒介作用、高校教师思想政治工作的关键钥匙、思想政治工作理论和实践的改革创新和机制建设、党组织发挥政治保障作用的着力点等方面进行了论述。

全书各章节有关高校思想政治工作的探讨，始终坚持从实践中来，到实践中去，致力于将理论探索和经验总结有机结合，以有利于指导高校思想政治工作实务，同时，也期待能为从事高校思想政治工作研究的学者提供实证案例。因此，细心的读者应该能够发现，各章节在阐述理论观点的同时，均配套了很多实实在在的鲜活案例，或作为典型经验介绍，或作为激发不同观点碰撞的"试金石"。

书稿写作的过程，也是我与北大政策法规研究室（党委政策研究室）的各位同志，不断深化对习近平总书记重要讲话精神的认识，不断思索新形势下高校思想政治工作所面临的挑战与困境，不断总结近年来北大在思想政治工作方面的改革创新经验的过程。我们体会，加强和改进新形势下高校思想政治工作，关键在三个方面：

首先，要聚焦根本任务，培育社会主义合格建设者和可靠接班人。

立德树人是高校的根本任务。党的十八大以来，以习近平同志为核心的党中央高度重视高等教育事业发展，高度关注、关心、关切北京大学改革发展各项工作。中央对高等教育改革发展的重视，归根结底，就是为了更好地推动高校思想政治工作平稳健康发展；对以北大为代表的全国高校思想政治工作的重视，归根结底，就是对中国特色社会主义高校要培养出社会主义合格建设者和可靠接班人的殷切嘱托和期望。我们必须深刻认识到，培养什么样的人、如何培养人、为谁培养人是北京大学必须深刻思考并有力解答的根本问题。我们必须精准发力、深处着力，形成全校性共识，聚集有限的精力和资源，倾力投入到这个根本任务上去。

其次，要坚持问题导向，问题意识是进行思想政治改革的有力先导，思想政治改革是问题导向的有效反馈，两者相辅相成，辩证统一。

　　当前，在校大学生主体为 95 后青年。伴随 2017 级新生入学，00 后作为一个群体也正式进入大学校园。95 后、00 后有自己的一些鲜明特点，如何结合新一代的特点，让思想政治工作入情入理、入脑入心，是当前高校思想政治工作者所面临的新的挑战。近年来，北大陆续推出了"文明生活　健康成才"主题教育、"扣好人生第一粒扣子"教育计划及"教授茶座""鸿雁计划"等一系列品牌活动；提出了"思想政治工作精致化"等工作理念；实践了"森林单树法"等工作模式，致力于围绕学生的切身诉求与实际问题，实现工作的精准匹配与无缝衔接。下一阶段，我们要进一步推进思想政治工作供给侧结构性改革，打好思想政治工作改革创新攻坚战。

　　最后，要培养优良作风，以"同舟共济、脚踏实地、奋发有为"的精神加强思想政治队伍建设。

　　同舟共济是前提。学校工作一盘棋，各个工作系统你中有我、我中有你。思想政治工作队伍不是独自作战，而是要和全校各个系统密切配合。

　　脚踏实地是根本。立德树人并非一朝一夕，需要持之以恒、善作善成、久久为功。思想政治工作队伍要怀着滴水穿石、铁杵磨成针的毅力和韧劲，一步一个脚印地攻坚克难、爬坡过坎，把工作落小落细落实，让思想政治工作真正在学生成长成才中发挥灵魂引领作用。

　　奋发有为是追求。我们今天处在一个伟大的时代，投身在"进行伟大斗争、建设伟大工程、推进伟大事业、实现伟大梦想"

的历史进程中，思想政治工作大有可为，也大有作为。

当前，党的十九大开启了中国特色社会主义新时代，高校思想政治工作也站在了新的历史起点上。加强和改进高校思想政治工作是一项系统工程，也是一个时代课题。展望未来，我们不仅面临着前所未有的重大机遇，也必将迎来一个方兴未艾的理论春天，只要实践的脚步不停息，理论的探索就无止境。

本书的成稿是集体智慧的结晶。我担任主编，主持确定了全书的主题主线，设计了篇章结构。北京大学政策法规研究室（党委政策研究室）的相关同志负责各章的撰写工作，其中：第一章，陈丹；第二章，佟萌；第三章，吴旭；第四章，杨超；第五章，陈威；第六章，吴雅文；第七章，杜津威。我、吴旭、任羽中、唐伽拉对文稿进行了修改并负责统稿。本书凝聚了各位作者的工作思考，也蕴含着研究团队所有人的辛勤付出。在撰写过程中，我们也深感高校思想政治工作是一项常思常新的事业，有许多新的领域等待研究者的深入发掘和勤奋求索。由于认识层次和编辑水平所限，本书还存在不少不足与疏漏之处，恳请广大读者批评指正，亦衷心期待得到各位专家同人的指导斧正，共同为全国高校思想政治工作贡献绵薄之力。

北京大学党委常委、副校长　陈宝剑

2018 年 1 月

责任编辑：洪　琼

图书在版编目（CIP）数据

立心铸魂：加强和改进高校思想政治工作的理论探索/陈宝剑 主编. —北京：
　人民出版社,2018.6
ISBN 978－7－01－019359－5

Ⅰ.①立… Ⅱ.①陈… Ⅲ.①高等学校-政治工作-研究-中国 Ⅳ.①G641

中国版本图书馆 CIP 数据核字（2018）第 101068 号

立 心 铸 魂
LIXIN ZHUHUN
——加强和改进高校思想政治工作的理论探索

陈宝剑　主编
北京大学党委政策研究室　编写

人民出版社 出版发行
（100706　北京市东城区隆福寺街 99 号）

北京市文林印务有限公司印刷　新华书店经销

2018 年 6 月第 1 版　2018 年 6 月北京第 1 次印刷
开本:710 毫米×1000 毫米 1/16　印张:11.75
字数:200 千字

ISBN 978－7－01－019359－5　定价:45.00 元

邮购地址 100706　北京市东城区隆福寺街 99 号
人民东方图书销售中心　电话（010）65250042　65289539